Frontiere Einaudi

www.einaudi.it

ISBN 978-88-06-22966-5

Enzo Bianchi

Spezzare il pane

Gesú a tavola e la sapienza del vivere

Einaudi

Spezzare il pane

Rabbi Jochanan e rabbi Eleazar dicevano: «Finché esisteva il tempio, l'altare espiava le colpe di Israele; ora è la tavola dell'uomo che espia le sue colpe».

Talmud babilonese, *Berakhot* 55a.

La sola conclusione di ogni atto della vita cristiana, la vera sintesi, è l'eucaristia. Il pasto terreno ci volge verso il vero pasto, dove la Parola della vita si dona interamente a noi: «La Parola si è fatta carne e nutrimento. Dio ha messo il suo corpo tra le nostre mani...»

JEAN-CLAUDE SAGNE, *La symbolique du repas dans les communautés*.

Gli animali si pascono, l'uomo mangia; solo l'uomo intelligente sa mangiare.

JEAN ANTHELME BRILLAT-SAVARIN, *Fisiologia del gusto*.

Gli uomini del mondo contadino non vivevano un'età dell'oro [...] Vivevano [...] l'età del pane. Erano cioè consumatori di beni estremamente necessari. Ed era questo, forse, che rendeva estremamente necessaria la loro povera e precaria vita. Mentre è chiaro che i beni superflui rendono superflua la vita.

PIER PAOLO PASOLINI, *Scritti corsari*.

Introduzione

Si mangia da soli, oppure in famiglia, con i conviventi, in una comunità di vita. La presenza e la qualità umana dei commensali sono elementi essenziali perché la tavola diventi un banchetto, o anche solo una vera condivisione. Mangiando, infatti, si parla; nei monasteri ci sono anche pasti in silenzio, ma per imparare a comunicare meglio. Scambio della parola e silenzio non muto dovrebbero armonizzarsi per manifestare il senso profondo della tavola, luogo in cui si esprime la fiducia reciproca, la fraternità, la gioia condivisa. A tavola, infatti, si narra, si racconta, si descrive, si ricorda... Insomma, si vive insieme, si crea il con-vivio.

Mangiare è un atto che per l'umanità non può essere solo fisiologico, ma è sempre anche un atto culturale: mangiamo intorno a una tavola, mangiamo del cibo preparato e cucinato. Il mangiare ritma il tempo, la giornata e la settimana: si pensi all'alternanza tra pasto feriale e pasto festivo, il banchetto, all'alternanza tra pranzo e cena... Di piú, il mangiare celebra il tempo: nascita, entrata nell'età adulta, epifania nelle storie d'amore, incontri suscitati dai piú diversi motivi, una volta anche la celebrazione della morte.

Da alcuni anni le questioni etiche legate al cibo, alla sua produzione, distribuzione e consumo, cosí come quelle inerenti l'accesso alle risorse naturali, a cominciare dall'acqua, sono doverosamente diventate parte essenziale sia della questione ecologica che di quella economica e sociale. Del resto il cibo costituisce l'elemento di sintesi tra la sostenibilità del nostro modo di gestire il pianeta terra – affinché produca il nutrimento per l'umanità di oggi e per le generazioni future – e le scelte, un tempo soprattutto politiche, oggi prevalentemente economiche o addirittura finanziarie, che regolano i rapporti tra i popoli e tra i cittadini all'interno dei singoli Stati. Il «mercato», cui oggi troppi demandano ogni tipo di miracolosa autoregolamentazione, è nato come mercato di generi alimentari e da sempre l'agricoltura è il settore «primario» di ogni entità statale.

Essendo stato chiamato in diversi contesti a contribuire alla riflessione su queste tematiche cui già da tempo dedicavo la mia attenzione, mi sono sentito stimolato a elaborare una riflessione meno contingente, approfondendo due prospettive complementari nella comprensione di cosa significhi il cibo per noi e per le relazioni con i nostri simili e con il creato. Mi sono cosí dedicato dapprima a esaminare come un determinato modo di rapportarsi al cibo possa costituire una scuola di sapienza del vivere, una palestra in cui imparare le nozioni fondamentali della convivenza civile e della responsabilità verso il creato. Da qui sono poi risalito alla rilettura della vicenda terrena di Gesú di Nazareth, di come si sia rapportato al cibo e alla tavola e come ne abbia fatto un paradigma di aspetti decisivi della sua predicazione. A suggerirmi questo accostamento è stato un interrogativo apparentemente molto banale: qual è la prima parola rivolta da Dio all'uomo da lui creato e «posto nel giardino dell'Eden perché lo coltivasse e lo custodisse»? «Mangiare mangerai» (*akhol to'khel*, *Gen* 2,16), cioè: «Tu mangerai, tu puoi mangiare». Dunque la parola di Dio chiede all'uomo innanzitutto di mangiare, lo invita a mangiare, e subito dopo lo mette in guardia, segnalandogli che si può mangiare male e fare un cattivo uso del mangiare: per non morire, l'uomo deve mettere dei limiti al mangiare. Potremmo dire che in questi versetti archetipici è già contenuta ed espressa la necessità per gli esseri umani di mangiare, ma anche la possibilità che il mangiare non sia per la vita, e per la vita di tutta l'umanità, ma per la morte: morte per chi mangia, morte per chi è escluso dal cibo da parte di chi mangia.

Anche per questo può essere di ispirazione conoscere e contemplare Gesú a tavola, perché anche a tavola egli «ci ha insegnato a vivere in questo mondo» (*Tt* 2,12). Gesú amava la tavola come luogo di incontro con gli uomini e con le donne, amava la tavola come occasione di lode, benedizione e ringraziamento a Dio, come promessa di vita, di pace per tutti, e quindi come immagine di quel regno di cui annunciava la venuta. Non a caso proprio nel mangiare a tavola ha consegnato il segno grande della comunione tra sé e i discepoli, nel pane e nel vino ha voluto significare la sua vita spesa e donata per gli amici.

Sí, c'è un magistero di Gesú a tavola che dobbiamo conoscere, per diventare piú umani, per scoprire o riscoprire la sapienza del vivere e del convivere.

I.

Cibo e sapienza del vivere

Senza vigilanza, ciascuno di noi rischia di fare della tavola il luogo in cui le patologie nascono, si alimentano, esplodono. Vi è invece una sapienza del vivere che sgorga copiosa da un sano rapporto con il cibo e che vorrei esaminare in uno spazio delineato da due parole della Bibbia. La prima è tratta dal libro di *Qohelet*:

> Mangia con gioia il tuo pane e bevi il tuo vino con cuore lieto [*Qo* 9,7].

La seconda è una parola del *Deuteronomio* (8,3) ripresa da Gesú secondo i Vangeli di Matteo e Luca:

> Non di solo pane vivrà l'uomo, ma di ogni parola che esce dalla bocca di Dio [*Mt* 4,4; *Lc* 4,4].

Ma non si può parlare del cibo senza prima fare riferimento alla terra da cui esso è tratto.

«Ama la terra come te stesso».

C'è un comandamento non espresso nelle tavole delle dieci parole di Mosè (cfr. *Es* 20,1-21; *Dt* 5,1-22) ma che si potrebbe dedurre da ognuna di esse, ne potrebbe essere la sintesi o anche il preambolo alla loro osservanza. Da anni io lo formulo cosí: «Ama la terra come te stesso».

Conosciamo il comandamento unico con cui Gesú ha sintetizzato tutta la Legge:

> Amerai il Signore tuo Dio con tutto il tuo cuore, con tutta la tua vita e con tutte le tue forze [*Dt* 6,5] e [...] il prossimo tuo come te stesso [*Lv* 19,18].
>
> [*Mc* 12,31 e par.].

Ma per amare Dio con tutto il cuore, tutta la vita e tutte le forze, e il prossimo come se stessi, occorre anche amare la terra e amarla come se stessi. Perché? Perché la terra (*adamah*) è la matrice da cui ogni terrestre (*adam*) è stato tratto. Non lo si dimentichi: quando traduciamo il termine *adam*, non dovremmo renderlo con «uomo», ma con «terrestre». La terra non è solo polvere, roccia, sabbia – come si pensa – ma è un organismo vivente, che dobbiamo rispettare, amare, contemplare e soprattutto sentire solidale con noi. I mari sono pieni di vita fin negli abissi, e sulla terra c'è una coltre che chiamiamo humus, la pelle del pianeta, che brulica di vita, ci sono esseri vegetali e animali, tra cui gli umani, termine imparentato con humus.

Questo l'organismo, la madre terra che dobbiamo rispettare, contemplare, sentire solidale con noi e quindi amare. Senza la terra, noi non siamo, e anche la nostra vita interiore non è estranea alla terra e alla sua vita; anzi, è vita interiore vera e viva se ingloba tutte le co-creature con le quali siamo la terra in corsa nell'universo. Non si tratta di fare della terra la dea Gea, un'entità organica indifferenziata, una comunità biotica il cui valore sta solo nella sua totalità olistica, ma di considerarla un organismo di co-creature che ha il suo riferimento primario negli esseri umani quali soggetti di ogni responsabilità etica. Questi non possono essere dei viventi destinati a dominare, a sfruttare, a determinare a loro piacimento la vita di tutti gli altri, ma devono essere responsabili, eticamente responsabili: «Sono gli umani che danno valore alla natura, non il contrario» (Luc Ferry), sono loro che riflettono e pensano sul valore delle realtà naturali. Per questo, pur essendo centrali, non possono agire arbitrariamente sulla natura e spadroneggiare sulla creazione, come vorrebbe un'errata interpretazione del mandato di Dio agli umani presente nel libro della *Genesi*:

> Riempite la terra e soggiogatela, dominate sui pesci del mare e sugli uccelli del cielo [*Gen* 1,28].

Sí, solo negli esseri umani si dà un'etica della terra coscientemente elaborata, ed è in questa etica che è primario il comandamento: «Ama la terra come te stesso». Purtroppo abbiamo tralasciato e non abbiamo sviluppato il vangelo della terra, che ci chiede di vivere il piú possibile in sinfonia con il creato, e cosí non pensiamo che nel giudizio universale, alla fine dei tempi, secondo l'ottica gesuana (cfr. *Mt* 25,31-46), ci sarà chiesto conto anche della nostra mancata responsabilità verso gli animali, verso le piante, verso l'ambiente, verso la terra. È vero, nella pagina evangelica questo giudizio non è esplicitato, ma l'ascolto della buona notizia non deve essere letteralistico: deve essere operazione di ascolto dello spirito delle parole e dei comandi espressi nelle sante Scritture. Nell'ora del giudizio ciascuno di noi dovrà rispondere delle sofferenze inflitte alla natura, dell'aver lasciato morire un geranio sul balcone, dimenticando o non vedendo che aveva bisogno d'acqua, del non aver prestato attenzione a un animale ferito. Certo, in questo richiamo all'avere cura dobbiamo pensare prima agli umani, ma immediatamente dopo occorre ricordarsi di tutte le creature che abitano con noi questa terra, che condividono con noi lo spazio, che fanno parte della nostra vita e soprattutto ci danno vita (si pensi solo alle piante e all'ossigeno che ci forniscono per vivere). Una terra devastata e desolata ci dà la morte, ricordiamolo!

Oggi piú che mai siamo diventati consapevoli del rapporto che ci lega alla terra. Per millenni la terra come madre ci ha fornito riparo con i suoi alberi, ci ha protetti con le sue piante, ci ha nutriti con i suoi frutti e i suoi animali, ci ha aiutati in tanti modi (dall'asino che porta i pesi al cane che ci fa compagnia); in una parola, la nostra vita dipendeva da quella della terra. Ebbene, oggi è la terra che dipende da noi, una terra verso la quale purtroppo siamo diventati sovente nemici, sfruttatori ingrati. Come annunciava Friedrich Nietzsche oltre un secolo fa, «il deserto avanza», continua ad avanzare anche tra di noi, nei nostri campi e tra le nostre colline sempre piú invase da pannelli solari che, collocati senza discernimento, scacciano le nostre colture, tolgono sovranità alimentare e spesso feriscono la bellezza del paesaggio, cioè della terra.

Eppure la terra continua a chiederci rispetto, custodia, protezione, amore... C'è un testo sorprendente di un monaco e teologo del XII secolo, Alano di Lilla, che proprio per il suo rapporto «monastico» con la terra ha immaginato questo lamento rivolto dalla terra stessa agli umani:

> Uomo, ascolta cosa dicono contro di te gli elementi della natura e soprattutto la terra, tua madre. Perché offendi tua madre? Perché mi violenti, quando io ti ho partorito dalle mie viscere? Perché mi sfrutti con l'aratro per farmi rendere il centuplo? Non ti bastano le cose che ti do in ogni stagione, senza che tu me le estorca con la violenza? [*Summa de arte predicatoria* 6].

Si richiede dunque una *metánoia*, un cambiamento di mentalità per ricercare un nuovo ethos della terra, di cui c'è urgente bisogno. Un'etica che affermi innanzitutto la responsabilità umana di fronte all'ambiente terrestre e a tutti i viventi, e che riesca a formare una coscienza ecologica vigilante. Se nei secoli passati, sia in Oriente sia in Occidente, si è dedicata tanta attenzione all'ascesi, alla disciplina personale, oggi sono urgenti un'attenzione, una disciplina e un impegno a livello collettivo nell'uso delle risorse, nel fare crescere una comunione cosmica. Prima di essere un problema politico, il rapporto tra l'uomo e la terra, l'ecologia, è un problema etico, un problema di responsabilità e – si potrebbe anche dire – un problema religioso.

Non solo nutrimento.

La sapienza biblica afferma che «l'uomo trae dalla terra il suo cibo» (lett.: il suo pane; *Sal* 104,14). Ma cos'è il cibo? Dai vocabolari impariamo che il cibo è tutto ciò che si mangia e serve per la nutrizione, per mantenere in vita un essere vivente: uomini, animali, piante. Cibo è nutrimento, e quindi per l'essere umano si tratta innanzitutto di qualcosa che è dato, donato da altri non appena viene al mondo: ecco allora che si evoca la *nutrice*, chi svezza i neonati (in francese i «nourrissons», quelli che devono essere nutriti!)

Sí, la prima cosa di cui abbiamo bisogno non appena venuti al mondo è il cibo, che in realtà già ci nutriva nell'utero della madre; ma una volta usciti dal grembo, il cibo ci è donato da qualcuno che ce lo offre: la madre offre il seno con il cibo del latte. Questo cibo verrà poi preparato per noi finché, crescendo, diventeremo capaci di prendere il cibo e di andare a tavola. Da quel momento cresce il nostro apprendimento sul rapporto tra noi e il cibo, di cui abbiamo bisogno non solo per vivere ma per tutto lo sviluppo del nostro essere: il cibo è un bisogno fondamentale dell'organismo, dal quale l'uomo non riesce a distogliersi, ma è anche molto piú del nutrimento. Assumere il cibo, infatti, da atto di nutrimento diventa il gesto sociale per eccellenza, il segno della comunità nel suo ritrovarsi, fare memoria, fare festa; la tavola diventa il luogo di comunicazione, scambio, comunione. È per questo che mangiare è molto piú che nutrirsi, bere è molto piú che dissetarsi, a tal punto che l'arte del vivere, la sapienza, può essere riassunta e simboleggiata dall'arte del mangiare e bere.

Non è un caso che l'azione del nutrirsi abbia sovente acquisito un valore simbolico tale da rivestire addirittura un carattere sacro. I pasti sacri dell'antichità ce lo testimoniano, come pure i sacrifici nei templi: non si dimentichi che questi ultimi erano dei pasti nei quali il cibo era offerto alla divinità, che però non consumava la vittima, sicché le sue carni erano poi condivise tra offerenti e sacrificatori. Il mangiare quindi è un'azione al contempo naturale e culturale: naturale perché la natura offre gli elementi, culturale perché gli alimenti sono scelti, preparati, cucinati. Finita l'età in cui l'uomo si nutriva dei frutti come li trovava in natura, nel cibo è sempre presente la cultura e, attraverso essa, aderiscono al cibo connotazioni simboliche. Sí, la fame dice molto piú che la fame, la sete dice molto piú che la sete.

Prima di essere messo in tavola, il cibo è pensato, ricercato, apprestato fin nei dettagli; poi è benedetto, offerto, cantato, celebrato prima di essere condiviso.

Azione eminentemente propria all'umanità, il cibarsi diventa azione spirituale, carica di significato, strumento ed epifania di una grande comunione. Ecco cos'è il cibo: nutrimento per la convivialità! Per questo non si può parlare di cibo senza parlare di *tavola*, seppur diversa nelle differenti culture: un tappeto steso a terra per i nomadi del deserto, una tavola bassa accanto alla quale ci si distende per i Greci e i Romani. Una tavola – per noi oggi – alla quale «passiamo»: «Passiamo a tavola!» è l'invito a prendere posto per il pasto. Cosí interrompiamo il nostro lavoro, i nostri impegni, per passare a cibarci insieme, esercitando fiducia nel cibo che ci viene portato, accogliendo la cura di chi lo ha preparato, condividendolo con chi si siede a tavola con noi e, se siamo cristiani, mostrando la nostra capacità di ringraziamento a Dio per i doni che ci ha fatto: il cibo, infatti, non è solo qualcosa che ci guadagniamo, ma è anche dono che riceviamo, sempre. *Il cibo fa la tavola e la tavola celebra il cibo.*

Ma su questa azione fondamentale del cibarsi possiamo ricevere qualche luce dalla Parola di Dio contenuta nelle sante Scritture? Vorrei qui riscoprire come la Bibbia guarda al cibo, al nutrimento, in modo che anche noi possiamo guardarlo con gli occhi di Dio, muniti cioè di una sapienza nutrita dalla fede.

Il cibo. Un dono della terra destinato a tutti.

Dio ha voluto creare un mondo in cui i viventi potessero, appunto, *vivere*, e quindi potessero nutrirsi. Nelle prime pagine della *Genesi*, dove in una sinfonia si tenta di raccontare la creazione, Dio affida all'umanità, nella polarità uomo-donna, il cibo:

> Ecco, io vi do ogni erba che produce seme e che è su tutta la terra, e ogni albero che dà frutto, che produce seme: *saranno il vostro cibo* [...] E cosí avvenne. Dio vide quanto aveva fatto, ed ecco era cosa molto bella e buona [*tov me'od*, *Gen* 1,29-31].

Tutti i frutti della terra sono donati all'uomo ma c'è un'insistenza sull'erba e sugli alberi che fanno seme, rivelando subito che quel seme non è destinato solo a essere mangiato con il frutto, ma può cadere a terra. E questa è anche un'azione umana: la semina richiede la cura, la cultura da parte dell'uomo. Ecco la verità grande di questa pagina: la terra è madre, ci nutre, ma noi dobbiamo esercitare una «cultura» nel senso piú vero, cioè coltivarla. La terra madre ci è data come un giardino da coltivare e, infatti, sta scritto:

> Il Signore Dio prese l'umanità e la fece riposare nel giardino di Eden, perché lo coltivasse e lo custodisse [*Gen* 2,15].

Natura e cultura hanno qui la celebrazione del loro legame, per sempre indissolubile: un legame nella custodia che è rispetto, protezione, cura intelligente e amorosa. Sí, madre terra! Questa terra va lavorata con il sudore della fronte, ma da essa l'uomo trae il cibo, è terra madre che genera cibo e vita, è terra che accoglierà alla fine i nostri corpi mortali, perché dalla terra siamo stati tratti.

Il cibo è innanzitutto voluto da Dio, è cosa buona e bella, è ciò che l'uomo si guadagna con il lavoro, è ciò che l'uomo renderà sempre piú capace di nutrirlo e di renderlo piú uomo. Non a caso l'inizio della cultura si registra nello spazio del mangiare, non a caso il linguaggio è nato intorno a una pietra che come tavola radunava attorno a sé gli uomini e le donne che avevano deciso di mangiare insieme e non piú in piedi e solitari, «isolati» come gli animali. Proprio nell'atto del nutrirsi, che instaura un giusto rapporto tra bisogno-desiderio-soddisfazione, viene impressa la giusta relazione tra l'umano e le altre creature: relazione fondata sul riconoscimento, sul rispetto della loro alterità, sul valore e sulla dignità di ogni alimento. Il modo di vivere l'azione del mangiare ne determina il senso e fissa il ruolo, la funzione del cibo. Si può usare il cibo come cosa da consumare, si può fare del cibo un idolo per la sola soddisfazione dei bisogni individuali e delle proprie voglie, oppure si può vedere nel cibo un dono della terra destinato a tutti – dunque non una preda – e trasformare il pasto in luogo di condivisione con gli altri e di grande comunione con la natura.

Nel libro della *Sapienza* sta scritto:

> Dio ha creato tutto per l'esistenza: le creature del mondo sono apportatrici di salvezza, in esse non c'è veleno di morte [*Sap* 1,14].

E ancora, in un'altra contemplazione della *Sapienza* sulle opere di Dio:

> Tu ami tutte le cose esistenti e non provi disgusto per nessuna delle cose che hai creato. Se avessi odiato qualcosa, non l'avresti neppure formata. Come potrebbe sussistere una cosa, se tu non l'avessi voluta? Potrebbe conservarsi ciò che da te non fu chiamato all'esistenza? Tu salvi tutte le cose perché sono tue, Signore, amante della vita [*Sap* 11,24-26].

Dunque, tutti i cibi sono buoni e, solo piú tardi, gli uomini hanno introdotto la categoria della purità e dell'impurità, sino a farne un muro di separazione tra popolo santo e popoli impuri, i *gojim*, i pagani. Se la Legge diventa un'ossessiva separazione tra cibi che si possono mangiare e cibi vietati – come vedremo essere accaduto a livello sia teorico che pratico –, non dimentichiamo che Gesú ha potuto dire anche a questo proposito: «Avete udito che fu detto [...] ma io vi dico» (cfr. *Mt* 5,21-48), appellandosi all'autorità di nuovo legislatore conferitagli da Dio. Marco ci testimonia come proprio Gesú, impegnato in una discussione sul puro e sull'impuro, proclami:

> Tutto ciò che entra nell'uomo dal di fuori non può renderlo impuro, perché non gli entra nel cuore, ma compie la sua funzione fisiologica. Cosí rendeva puri tutti gli alimenti. Ciò che esce dall'uomo, è quello che rende impuro l'uomo [*Mc* 7,18-20].

Per i discepoli di Gesú tutti i cibi sono puri, mangiabili: non esiste su di loro alcun divieto, perché tutti concorrono alla vita dell'uomo. Questa parola di Gesú che dichiara puri, sani, capaci di dare vita tutti gli alimenti, è una parola decisiva: tutte le cose sono buone, come le aveva dichiarate Dio nella creazione e non diventano mai cattive, neanche quando l'uomo ne fa un uso perverso. Solo se questi le rapisce, le accumula, le tiene per sé, le consuma senza rispetto, le proibisce... ecco allora l'inferno, il male! Non facile da essere accolta, questa parola liberatrice di Gesú. La religione e le sue osservanze, infatti, nutrivano diffidenze verso alcuni cibi. Pietro stesso, vent'anni dopo la morte di Gesú, ormai missionario tra i pagani ad Antiochia, non vuole mangiare con i pagani, diventati peraltro cristiani, a causa del loro mangiare cibi impuri o non *kasher*, non macellati secondo la legge. Ma in questo sarà rimproverato da Paolo. Eppure, in una visione avuta mentre era in casa di pagani, aveva ricevuto una parola dal cielo che diceva: «Ciò che Dio ha reso puro, tu non chiamarlo impuro!» (*At* 10,15). Né alimenti, né persone sono impure, separate, ma tutte sono creature di Dio che le ha volute e le ha giudicate «buone e belle»!

Gli alimenti, i cibi sono a nostro servizio e sono buoni ma, di fronte a questi doni della terra e del lavoro dell'uomo, sta la nostra responsabilità: proviamo stupore e meraviglia nel vederli? Sappiamo contemplarli e conoscerli? Sappiamo fare una minima anamnesi del loro nascere, crescere, essere raccolti, preparati e cucinati? Sappiamo vedere negli alimenti la fatica della terra che li produce e la fatica umana necessaria perché possano arrivare sulla nostra tavola come cibo? Sappiamo comprendere appieno le conseguenze del fatto che gli alimenti sono destinati a tutti e che invece molti esseri umani ne sono privati fino a soffrire la fame? Si tratta di un miliardo di persone su sette miliardi: uomini, donne e bambini denutriti e affamati perché noi, loro simili piú ricchi, accaparriamo per noi stessi il cibo e lo neghiamo loro.

Il cibo è cultura.

Il cibo è costituito da un insieme di alimenti e di creature volute e donateci da Dio ma, come abbiamo detto, il cibo è frutto non solo della terra, ma anche del lavoro dell'uomo. Per noi umani non c'è natura senza cultura: siamo consapevoli che dal III millennio a.C., prima ancora dell'invenzione della scrittura, gli umani hanno iniziato a praticare l'arte della cucina, cioè del preparare, del trasformare gli alimenti in cibo per la tavola. Attorno al fuoco, in una grotta, sotto un albero, su una pietra si è cominciato a mangiare insieme, a consumare cibo preparato da qualcuno: a poco a poco nasceva la cucina, l'arte del cucinare e, contemporaneamente, la festa, il banchetto, il simposio... Consumare lo stesso cibo e la stessa bevanda significa diventare insieme uno, stipulare un contratto, un'alleanza, riconoscere una prossimità, un'accoglienza reciproca, dare origine a una relazione o approfondirla, delineare un abbozzo di *communitas*.

Cucinare è azione umana, solo umana, non conosciuta dagli altri viventi sulla terra. È, di fatto, *umanesimo*, perché chiama e richiama uomini e donne, convoca piante, animali e anche minerali (il sale) e canta il sapore del mondo. E tutto questo in un ritmo umano: non sempre si cucina allo stesso modo! C'è la cucina feriale, in cui ci si nutre con gioia ma nella sobrietà e nella frugalità; c'è il pasto, il banchetto che interrompe la ferialità dei giorni per dire l'insperabile, per celebrare ciò che accade poche volte e per grazia; c'è il pasto del bambino che abbisogna di cibi a lui adeguati; c'è il pasto per l'anziano, che richiede una misura e una leggerezza... Chi cucina ha anche l'arte di differenziare i pasti, perché c'è un pasto per ogni momento sotto il sole.

Cosa va messo in evidenza in quest'arte? Innanzitutto l'acqua: non solo essenziale come bevanda, ma indispensabile per la cucina, per lavare gli alimenti, per cuocerli. L'acqua ha assunto subito un ruolo purificatore e quindi si è imposta come indispensabile. Accanto all'acqua, il fuoco che fa passare l'alimento da crudo a cotto: tutti noi sappiamo come questo processo sia assolutamente determinante. Quello dal crudo al cotto è un passaggio che conferisce un nuovo assetto al cucinare: fare cucina cessa di essere solo preparare e condire un alimento, ma implica il trasformarlo profondamente, con esiti molto diversi a seconda della modalità di cottura e degli ingredienti utilizzati.

Proprio la preparazione culinaria ha creato il pasto come pratica sociale che media il rapporto con il nutrimento. Senza la preparazione, ognuno potrebbe soddisfare da solo e a suo piacimento il bisogno di cibo. La preparazione del pasto, invece, richiede un investimento di tempo, di attenzione e di cura, che costituisce la misura empirica dell'amore di chi prepara il cibo nei confronti di quanti devono mangiarlo abitualmente o sono invitati per una circostanza particolare. Anche presentare un piatto richiede tempo e arte, quindi attenzione verso gli altri e volontà di procurare piacere. Presentare il cibo è la firma del cuoco o della cuoca, è un sorriso che esprime la gioia di offrire ciò che si è preparato per qualcuno.

Questo «fare da mangiare», la cultura del cibo, è un modo privilegiato di comunicare all'altro i propri sentimenti. Chi prepara il cibo, infatti, se è vero che obbedisce a tradizioni culinarie ricevute dalla famiglia o apprese da ricettari – oggi troppo abbondanti e fantasiosi! – è vero anche che pensa al destinatario cui offrirà il cibo. Riflette attentamente se quel cibo può piacere a quella specifica persona, se è compatibile con i suoi gusti e i suoi bisogni alimentari, se può essergli gradito o meno, in che misura va offerto, perché anche la misura del mangiare va considerata con attenzione. Non a caso, i capitoli della regola di san Benedetto riguardanti i pasti hanno per titolo *De mensura cibus* e *De mensura potus*.

Condivisione e scambio entrano dunque nella cultura della cucina, del pasto, degli alimenti, e la condivisione del cibo appare sempre segno della condivisione della vita, e cosí lo scambio. Per questo nella cultura del cibo la relazione ha il suo primato e il cibo è a servizio di questa relazione che può essere tra conoscenti, amici, coniugi, famiglia, vicini, entità territoriali… «L'uomo è ciò che mangia», diceva Ludwig Feuerbach, ma questa affermazione è riduttiva perché noi dipendiamo piú dai criteri orientativi della nostra alimentazione e della nostra capacità di viverne lo spirito che non da quello che mangiamo: potremmo dire «siamo ciò che mangiamo e *come* lo mangiamo». Occorre infatti fare del pasto un'occasione di piacere, un rito creatore di senso e di esperienze, anche di esperienze spirituali in cui mangiare in comunione e conoscere Dio diventano la stessa cosa.

Plutarco fa dire a un personaggio delle sue *Dispute conviviali* (II,10):

> Noi uomini non ci nutriamo l'un l'altro semplicemente per mangiare e bere, ma per mangiare e bere *insieme*.

Tale aspetto è decisivo: per questo il cibo per noi umani è evento culturale che sa soprattutto produrre convivio che, come dice la parola, è *cum vivere*, vivere insieme e quindi *com-munitas*, cioè mettere insieme i doni, il *munus* che ciascuno ha, oppure il debito (anch'esso *munus*) che ciascuno ha verso l'altro. Condividere per convivere!

È proprio a causa di questa valenza del cibo che nella Bibbia la pienezza di vita è stata espressa dall'immagine del banchetto. Dal banchetto messianico promesso già dai profeti come banchetto del regno di Dio:

> Il Signore dell'universo
> preparerà per tutti i popoli
> un banchetto di cibi abbondanti,
> un banchetto di vini raffinati,
> di cibi succulenti, di vini eccellenti [*Is* 25,6]

al banchetto promesso da Gesú:

> Molti verranno dall'oriente e dall'occidente
> e siederanno a tavola con Abramo, Isacco e Giacobbe
> nel regno dei cieli [*Mt* 8,11; cfr. *Lc* 13,29],

fino ai banchetti raccontati da Gesú nelle parabole come immagini, profezie del regno dei cieli. Dove c'è banchetto, infatti, non c'è solo nutrizione, ma c'è vita piena, condivisione, comunione fra tutti gli esseri umani e fra Dio e l'umanità. La tavola del regno dei cieli ha proprio il Signore Dio come ospite che invita, chiama, offre il banchetto a noi umani, ospiti, invitati, accolti per fare comunione con lui.

«Omnia sunt communia»: il cibo condiviso.

Omnia sunt communia: questa affermazione, che risale ai padri della Chiesa, è stata la bandiera della rivoluzione di Thomas Müntzer (1489-1525), la «rivoluzione dei contadini». Dal '68 in poi appare come segno scritto lasciato da manifestanti che protestano, com'è accaduto a Milano, in occasione dell'inaugurazione di Expo 2015. Si può essere sorpresi dalla carente predicazione ecclesiastica degli ultimi decenni, soprattutto in Italia e nei Paesi a piú alto reddito: una predicazione muta sui temi della giustizia e dell'equità, ma in verità noi troviamo questa affermazione nella costituzione *Gaudium et spes* del Concilio Vaticano II:

> Dio ha destinato la terra e tutto quello che essa contiene all'uso di tutti gli uomini e di tutti i popoli, e pertanto i beni creati debbono essere partecipati equamente a tutti, secondo la regola della giustizia, inseparabile dalla carità [...] L'uomo, usando di questi beni, deve considerare le cose che legittimamente possiede non solo come proprie, ma anche come comuni [...] Il concilio richiama urgentemente tutti [...] affinché – memori della sentenza dei padri: «Da' da mangiare a colui che è moribondo per fame, perché se non gli avrai dato da mangiare, lo avrai ucciso» realmente mettano a disposizione e impieghino utilmente

> i propri beni, ciascuno secondo le proprie risorse, specialmente fornendo ai singoli e ai popoli i mezzi con cui essi possano provvedere a se stessi e svilupparsi [*Gaudium et spes* 69].

Ora, il cibo, che ci dà la vita e senza il quale moriamo, è la prima realtà che va necessariamente condivisa. Oggi siamo consapevoli dell'ingiustizia regnante, dell'assoluta mancanza di equità nella distribuzione delle risorse del pianeta. Sappiamo che il 20 per cento della popolazione possiede l'86 per cento della ricchezza mondiale. La diseguaglianza planetaria, a partire dall'ingiusta ripartizione del cibo, dovrebbe farci provare vergogna. L'abisso sempre piú profondo che separa i poveri dai ricchi dovrebbe inquietarci, perché una tale situazione può solo preparare una rivolta dei poveri, una guerra dai nuovi connotati, ma sempre guerra, tra i privilegiati e i bisognosi che ricevono sempre meno aiuti e sono sempre piú abbandonati a se stessi, alla miseria, all'ignoranza, alle regressioni tribali che generano violenza tra gli stessi poveri. I ricchi oggi diventano piú ricchi e i poveri piú poveri, cresce il numero delle persone obese nel ricco Occidente, mentre gli abitanti dell'emisfero sud, dell'Africa, continuano a morire di fame o di malnutrizione. Purtroppo negli ultimi venticinque anni si sono imposti e regnano «dogmi economici» che favoriscono i ricchi e aumentano l'ingiustizia nella società. L'idolo della crescita economica che deve essere inarrestabile ascesa; il consumo, anch'esso pensato sempre in crescita per la soddisfazione della ricerca di felicità; la concezione della naturalità della diseguaglianza, che sarebbe vantaggiosa per tutti: questi sono diventati dogmi poco contraddetti e invece sempre capaci di rendere idolatre e alienate le masse.

È uno scandalo per denunciare il quale papa Francesco ha coniato un neologismo: nella sua enciclica *Laudato si'* troviamo descritta con toni forti la «inequità planetaria» che «non colpisce solo gli individui, ma Paesi interi, e obbliga a pensare a un'etica delle relazioni internazionali» (*Laudato si'* 51). Inequità che si situa ancor piú in profondità rispetto alla «ingiustizia» e che non ha il connotato puntuale della «iniquità»: è quella strisciante e onnipresente negazione della «equità», quella quotidiana contraddizione alla eguaglianza di ogni essere umano. Per questo

> [...] oggi non possiamo fare a meno di riconoscere che un vero approccio ecologico diventa sempre un approccio sociale, che deve integrare la giustizia nelle discussioni sull'ambiente, per ascoltare tanto il grido della terra quanto il grido dei poveri [*ibid.* 49].

Per la fede ebraica e cristiana, invece, Dio è la presenza che non solo chiede equità, ma la impone, «ricolmando di beni gli affamati e rimandando i ricchi a mani vuote» (cfr. *Lc* 1,53), mentre attualmente si crede alla mano invisibile del mercato, pensata come la presenza che è incaricata del benessere del pianeta: «Idolatria!», avrebbero gridato i profeti e i padri della Chiesa. Abbiamo perduto il senso della grande e decisiva nozione cristiana del bene comune e, con essa, ogni urgenza di giustizia e di equità. La terra è di Dio e su di essa noi siamo solo ospiti e pellegrini; la terra è stata affidata a tutta l'umanità perché fosse lavorata, custodita e potesse dare le risorse necessarie per la vita di tutti gli abitanti del pianeta, umani e animali. Il cibo, il pane, secondo la metafora che lo rappresenta, è di tutti e per tutti. Diceva Giovanni Crisostomo:

> Il «mio» e il «tuo», queste fredde parole, introdussero nel mondo infinite guerre [...] I poveri non invidiavano i ricchi per-

ché non c'erano poveri, essendo tutte le cose comuni [*Omelia su 1Cor 11,19* 2].

Ecco da dove sorgono il contrasto, l'inimicizia, la violenza... Parole come queste di Clemente Alessandrino erano una sorta di ritornello per i cristiani delle origini:

> I beni sono comuni, perché il Creatore fece per tutti le viti, le quali non respingono né il passero né il ladro, e cosí il grano e gli altri prodotti. Fu la violazione della condivisione, della *communitas* a generare il ladro [...] Dio, nel creare tutto in comune per gli uomini [...] ha definito la giustizia una condivisione di tutti i beni nell'equità [Clemente Alessandrino, *Stromati* III,2,8].

Oggi è urgente che gli umani riscoprano la *communitas* la quale, sola, può aiutare i tentativi di equa redistribuzione delle ricchezze del pianeta; è urgente che ritrovino l'idea di bene comune, per la felicità della convivenza; è urgente che si esercitino alla convivialità, per ritrovare i legami sociali, la possibilità di instaurare una fiducia reciproca che si traduce in responsabilità l'uno verso l'altro, a partire dalla convivialità, dalla condivisione del cibo. Condivisione del cibo non significa solo l'atto finale dello spezzare il pane insieme, bensí anche il rispetto del lavoro del produttore di alimenti, il riconoscimento del lavoro dei contadini, la sostenibilità sociale ed ecologica, l'instaurazione di un mercato equo e solidale e, all'inizio dei processi, l'affermazione della proprietà comune dei semi e la destinazione della terra a quanti la lavorano.

Il cibo, dunque, è tale quando è condiviso, altrimenti è veleno per chi se lo accaparra e morte per chi non ce l'ha. Il mondo, purtroppo, sembra diviso tra chi non ha fame perché ha troppo cibo e chi ha fame perché non ne ha. In virtú di questa perversa situazione, molti sono esclusi dalla società in cui vivono e diventano ben piú che sfruttati: diventano avanzi, scarti, rifiuti... Il paradosso dell'abbondanza in cui credevamo di vivere, con la crisi economica di questi ultimi anni ha mostrato che la miseria può essere tra di noi e colpire qui, nelle nostre terre, uomini e donne che vivono tra la penuria e la fame, faticando ad avere ciò che è necessario per vivere e dovendo cosí ricorrere all'aiuto di istituzioni caritative. Ripeto, qui in mezzo a noi! Condividere il cibo dovrebbe essere condizione essenziale per poterlo assumere con sapienza e per renderlo causa di festa, trasformandolo da cibo quotidiano in banchetto. Mai senza l'altro, neppure a tavola! Nel *Padre nostro* non sta scritto: «Dammi oggi il mio pane quotidiano» – suonerebbe come una bestemmia! – ma «Dacci, da' a tutti noi il pane di ogni giorno, e cosí ti potremo chiamare "Padre nostro" e non "Padre mio"»! Permettetemi di ricordarlo: se il pane, bisogno comune, pane per tutti, non è condiviso, allora «le pain se lève», «il pane insorge, si alza in rivolta». Questo è il grido delle rivoluzioni per la mancanza di pane e la fame dei poveri: lo era nel Medioevo ma lo è ancora ai giorni nostri, basterebbe rammentare l'inizio della rivolta tunisina di qualche anno fa.

Vigiliamo dunque e, soprattutto, decidiamoci a una conversione, a un mutamento dei nostri comportamenti verso il cibo: dobbiamo combattere gli sprechi, sentire come un furto il buttare via il cibo, assumere uno stile di sobrietà, fare le battaglie politiche ed economiche necessarie affinché il cibo sia sempre condiviso. E subito, nel quotidiano, dove ci troviamo, dobbiamo dare da mangiare a chi ha fame, aiutandolo con denaro o invitandolo alla nostra tavola. Sulla condivisione del cibo

– dice Gesú – saremo giudicati degni di vivere oppure maledetti, consegnati alla morte:

> Ho avuto fame e mi avete dato da mangiare [...] ho avuto fame e non mi avete dato da mangiare [*Mt* 25,35.42].

Il rapporto tra sapienza umana e cibo non può eludere il problema della fame e dunque chiede, anzi reclama con forza la condivisione.

A tale riguardo, vorrei fare qualche considerazione sul tema, già evocato, della *mensura cibus*. La misura non è solo questione di quantità, ma è anche un avvertimento sulla ricercatezza degli alimenti, che a volte appare sfrenata, a qualunque costo e spesso a prezzo di un'ingiustizia pagata dai produttori, dai contadini. Che cosa significa in termini di costi mettere sulle nostre tavole a Natale frutta e verdura provenienti dal Sudamerica o dal Sudafrica? Una ricercatezza di alimenti fuori stagione o di alimenti prelibati, i piú eccellenti in assoluto, può essere «fuori misura». Si pensi che Clemente di Alessandria, già agli inizi del III secolo d.C., denunciava una ricercatezza dei cibi alla portata solo dei ricchissimi, i quali in tal modo ostentavano la loro arrogante ricchezza, il loro lusso e il loro potere. Egli scrive che nella città di Alessandria ormai ci si procurava cibi da oltre mare,

> [...] le murene dello stretto di Sicilia, le anguille del Meandro, i capretti di Melo, i muggini dello Sciato, i crostacei del Capo Faro, le ostriche di Abido, e non si tralasciano le acciughe di Lipari, né le rape di Mantinea, né le bietole di Ascra; si cercano le conchiglie di Metimna, le sogliole dell'Attica, i tordi di Dafne e i fichi neri come rondini [...] Si comprano i fagiani di Fasi, le pernici d'Egitto, i pavoni di Media [...] Ciò che la terra nutre e nutre la profondità del mare e la distesa immensa dell'aria, tutto essi trascinano nel gorgo della loro voracità [Clemente Alessandrino, *Il Pedagogo* II,3,1].

A leggere queste righe sembra di scorrere il menu di un ristorante odierno per *gourmands* molto facoltosi... Alessandria era una città culturalmente raffinata, anche consapevole dell'arte della cucina e del banchetto, ma Clemente richiama a una certa sobrietà, soprattutto ricordando che il mangiare deve essere sempre un mangiare insieme, un simposio, un convivio, nel regime della condivisione. Egli dice che «il banchetto è finalizzato all'amore reciproco, ma di per sé non è l'amore» (*ibid.*, II,6,1; cfr. anche II,7,1). Anche in vista di questo rispetto del cibo, che nella sua semplicità nutre, sostiene e rallegra gli umani, Clemente arriva ad ammonire severamente, stigmatizzando la situazione creatasi attorno al mangiare, per cui «i cuochi sono diventati piú onorati e pagati dei contadini» (*ibid.*, II,9,4).

Misura dunque, non in vista di un atteggiamento cinico o mortificante, ma in vista del rispetto degli alimenti, di chi li coltiva (i contadini), di chi li prepara (i cuochi) e di chi li mangia, condividendoli nella gioia e senza minacciare la propria salute.

Legata all'inequità nella distribuzione delle risorse e all'incapacità di avere misura nell'accaparramento del cibo e nel suo consumo, vi è la cultura perversa dello «scarto» che ormai è passata da una già scandalosa gestione dei rifiuti alimentari al considerare le persone stesse come «scarti» da gettare quando non funzionali alla nostra bulimia di potere e di denaro. Su questo tema papa Francesco era già intervenuto con parole molto dure nell'esortazione apostolica *Evangelii gaudium* (53):

> Cosí come il comandamento «non uccidere» pone un limite chiaro per assicurare il valore della vita umana, oggi dobbiamo dire «no a un'economia dell'esclusione e della inequità». Que-

sta economia uccide [...] Non si può piú tollerare il fatto che si getti il cibo, quando c'è gente che soffre la fame. Questo è inequità [...] Abbiamo dato inizio alla cultura dello «scarto» che, addirittura, viene promossa.

Parole dure come pietre, che cercano di scuotere l'Occidente mettendogli davanti agli occhi da una parte montagne di rifiuti, di scarti di cibo, e dall'altra grandi masse di popolazione che soffrono la miseria e addirittura la fame. Qui ognuno dovrebbe pensare non in astratto all'Occidente, ma a chi ne fa parte, a chi ne è soggetto, cioè a me, a noi, alla convivenza in cui sto e stiamo.

I mass media spesso ci forniscono dati scandalosi: ormai li conosciamo e, a forza di leggerli e di rileggerli, rischiamo addirittura di assuefarci e di considerarli ineluttabili. Alcune cifre però dobbiamo ricordarle perché da sole dovrebbero suscitare un'indignazione tale da muoverci immediatamente all'azione: ogni famiglia italiana butta in media nella spazzatura 31 kg di cibo all'anno, perché scaduto, avanzato, non piú mangiabile se non con sospetti. Mi chiedo come sia possibile che quelli della mia generazione, nati nel dopoguerra, siano passati dalla fame e dalla penuria a questa disinvolta cultura dello scarto? Quasi 800 euro all'anno è la cifra sprecata da una famiglia, e il 20 per cento del pane prodotto – sí, proprio il pane – ogni giorno raggiunge i rifiuti anziché le tavole. Nei campi resta piú del 20 per cento della produzione agricola, e cosí pure il 20 per cento di cibo immesso nella distribuzione non viene venduto, o viene ritirato senza essere riutilizzato. In sintesi, sprechiamo quantità di cibo che soddisferebbero i bisogni dei tre quarti della popolazione mondiale... È una realtà che grida vendetta al cospetto di Dio, perché è un insulto alla miseria, un'offesa per quanti non riescono ad andare avanti!

Tentiamo di analizzare mentalità e comportamenti che ci hanno portato in questa barbarie. Innanzitutto chi ha soldi, e non deve fare attenzione a come arrivare alla fine del mese, quando va a fare acquisti è preso da quella che si potrebbe definire bulimia delle cose, e di fatto compra piú di quanto consumerà. In questo comprare piú del necessario c'è una sorta di piacere e di potere: «Compro quello che desidero, dunque sono»... Il frigorifero deve essere pieno, e questa è già una soddisfazione, perché aprirlo e vederlo vuoto è desolante; l'accumulo che ci tenta non è solo quello del denaro o della «roba», ma oggi è anche quello dei cibi. I cibi in scatola, poi, sembrano esercitare particolare fascino: pelati, legumi, sughi, ragú e tè sono stipati negli scaffali della cantina e sembrano giacere come nei loculi dei cimiteri. La loro scadenza arriva prima di quanto pensavamo, e dunque ci sentiamo autorizzati a buttarli.

Lo spreco, però, non avviene solo a causa di acquisti non oculati, anzi veramente insensati, ma perché ormai nel cucinare non abbiamo piú l'ansia del costo degli alimenti, e cosí prepariamo cibi abbondanti, che sistematicamente alla fine del pasto avanzano. Mangiarli nel pasto successivo ci toglie il piacere della varietà; riscaldarli è un'operazione che non ci ispira, quindi li buttiamo... Non li diamo neppure piú agli animali domestici, cani e gatti, perché per loro siamo provvisti di crocchette e scatolette confezionate con abbondanza e secondo la diversità delle loro razze. In ogni caso, pochissimi ormai sanno utilizzare gli avanzi, che nella mia infanzia erano gli ingredienti quasi consueti della cena: gli avanzi della carne diventavano polpette, gli avanzi di verdure frittelle, gli avanzi di riso o pasta straordinari «frittini» arricchiti da uova, formaggi, pane grattugiato, aromi...

Lo spreco, inoltre, oggi si vede anche in altre operazioni culinarie. Compriamo verdure in sacchetti, già pulite e lavate, ci inorridisce pulire gli spinaci e siamo diventati incapaci di pulire i carciofi. Paradossalmente sembra quasi che ci dia noia lo «scarto» necessario per mangiare un prodotto... proprio mentre anneghiamo nella logica dello scarto, perché gli scarti legati alla confezione in plastica sono molto piú costosi, spesso non riciclabili e insozzano l'ambiente. Ma pur di avere alimenti pronti all'uso, pur di non produrre «scarti buoni» che possono tornare alla terra e diventare humus, produciamo scarti piú costosi e nocivi.

Certo, adduciamo tante ragioni per giustificare questi comportamenti: maxiconfezioni di cibo costano meno, non c'è piú il tempo per cucinare, ma solo per consumare... Ciò in verità aliena le persone da una vera conoscenza di ciò che mangiano. Ma avere cura del cibo, sapere cosa si mangia e come si prepara, questo è il vero antidoto allo spreco. Al contrario, una società che disprezza i frutti della terra, che non è piú capace della cura degli alimenti, è ingrata; e, se non conosce piú la gratitudine, è ormai preda della barbarie! Siamo passati da tavole con molti commensali e poco cibo in cucina, a tavole quasi deserte ma con cibo abbondante in frigorifero, in dispensa, in cantina. Siamo passati dal mangiare con la bocca, per fame, al mangiare con gli occhi molti cibi, diversi piatti, senza in realtà introdurli nel nostro stomaco come alimenti necessari e buoni.

A ciò contribuisce anche la crescente «spettacolarizzazione del cibo», una nuova forma di pornografia che certo non aumenta la qualità del cibo né raffina il gusto. Negli ultimi dieci anni, infatti, nelle librerie sono apparsi reparti sempre piú estesi dedicati a libri di cucina, con ricette di grandi chef, ricette regionali, etniche ecc. Carta patinata, fotografie belle e accattivanti, insieme alle riviste specializzate, anch'esse moltiplicatesi, catturano la nostra attenzione; ormai nelle case, su bassi tavoli attorno ai quali ci si siede, proliferano libri e riviste di cucina. Come se non bastasse, da qualche tempo è soprattutto la spettacolarizzazione televisiva del cibo a essere diventata ossessionante: spettacolarizzazione della cucina e di chi cucina. Ma chi cucina con dedizione e sapienza è consapevole che fare cucina significa innanzitutto fare ciò che si può fare economicamente e tecnicamente, e significa farlo per persone reali con le quali si convive o che sono invitate come amici: perciò non riduce la cucina a spettacolo o a «farsa di sé», non sopporta il fare cucina come competitività, non accetta di sottoporre il cibo preparato a una chiacchiera che tende a fare audience.

Infine, abbiamo anche dimenticato l'arte di vivere le stagioni e il territorio e cosí pretendiamo di mangiare in ogni momento cibi provenienti da ogni angolo della terra: ciò che consumiamo ha una ripercussione sull'ambiente, ciò che facciamo venire da lontano inquina la terra piú che nutrire il pianeta; il frigorifero e la dispensa sono diventati l'anticamera della spazzatura. La cultura dello scarto degli alimenti, del cibo, di ciò che la terra e il mare ci donano, sta già diventando cultura dello scarto delle stesse persone: sulla strada dello scarto non ci si ferma facilmente.

I nove comandamenti «eucaristici».

Quotidianamente abbiamo fame e sete, e per questo mangiamo e beviamo: ma sappiamo trarre insegnamento da queste pulsioni che ci abitano? Fame e sete, infatti, dovrebbero innanzitutto in-segnarci, fornirci sapienza, fare segno, indicarci alcune realtà necessarie per vivere la nostra vita come cammino che ci umanizzi sempre di piú. Fame e sete ci fanno sentire la nostra condizione animale: sulla terra siamo una grande comunità che mangia e beve, e per questo vive; siamo molti, siamo co-creature e nessuno di noi è solo sulla terra. Dunque il pianeta, con le sue risorse, è davanti a noi tutti, è una tavola imbandita per tutti. Se ascoltassimo questo insegnamento che ci viene dalla fame e dalla sete, avremmo già fatto un passo decisivo verso l'acquisizione della sapienza nel rapporto con il cibo, non foss'altro perché la presenza degli altri mi dice subito e perentoriamente: «C'è un limite al tuo prendere cibo, il cibo è anche per gli altri. Non tutto è per te, a tua disposizione, e non subito, perché il cibo devi cercartelo, guadagnartelo, raccoglierlo e poi renderlo cibo, cucinarlo e quindi condividerlo».

Ma ascoltando fame e sete, come ognuno di noi si deve relazionare nei confronti del cibo? Vorrei indicare nove «comandamenti» (non ardisco arrivare a dieci!), nove parole, nove urgenze eucaristiche, nel senso che trovano ispirazione dal magistero silenzioso dell'eucaristia, del rendere grazie (*eucharisteîn*) a Dio, alla terra nostra madre, a tutte le creature e ai nostri fratelli e sorelle in umanità. Il modo di vivere l'azione del mangiare, lo stile del mangiare sono importanti quanto il cibo: non si vive di solo cibo, ma anche di ciò che il pane rappresenta e delle diverse mani che l'hanno preparato, confezionato. Il cibo è segno di comunione, pluralità, trasfigurazione, semplicità e complessità, lavoro e arte. E soprattutto, è segno di amore.

Essere consapevoli di ciò che si mangia.

Annotava lo scrittore inglese Charles Lamb (1775-1834): «Detesto l'uomo che inghiotte il cibo senza sapere che cosa mangia. Dubito del suo gusto in cose piú importanti». La consapevolezza di ciò che si mangia è necessaria in primo luogo per le proprie scelte culinarie ma anche per umanizzare gli alimenti. Conoscere gli alimenti, discernerli, sceglierli, è un'operazione che richiede anche la fatica di sapere da dove vengono, lo sforzo dell'attenzione, ma dà un altro sapore a ciò che si mangia. Oggi, poi, con la globalizzazione, questa consapevolezza non può essere disattesa, perché occorre nutrire il pianeta, non defraudarlo, occorre il rispetto delle stagioni; e per non inseguire ogni nostro desiderio a un costo folle, occorre sapere.

Se uno avesse tale consapevolezza, vedrebbe nella tavola a cui è seduto la convocazione di tutta la terra: caffè dal Brasile, olio dal Mediterraneo, pesce dai mari del Nord, carne dalle pianure e dai monti d'Europa, ananas dai Paesi tropicali...

Stupirsi e meravigliarsi sempre.

Stupirsi e meravigliarsi innanzitutto perché oggi mangiamo e non soffriamo la fame, mentre altri nel mondo non hanno da mangiare. Stupirsi perché c'è una tavola, ci sono altri commensali e insieme condividiamo il cibo: non facciamo come gli animali che si nutrono ciascuno pensando a sé, ma siamo consapevoli che la prima azione necessaria per vivere sia la condivisione. Qualcuno ci dà il cibo, ce lo offre, ce lo dona, come la madre ci ha offerto la mammella quando siamo venuti al mondo.

Il mangiare come convivio è un miracolo. Non possiamo non meravigliarci del fatto che ogni giorno sulla tavola il cibo è diverso, che a volte ci è dato di scoprire un nuovo piatto, che alla tavola sediamo con qualcuno che non conoscevamo.

Avere rispetto per il cibo.

Al riguardo non si può evitare il lamento, in particolare da parte di chi, come me, dopo la guerra ha conosciuto tempi di penuria, scarsità di pane, ed era indotto dall'educazione ricevuta a venerare soprattutto il pane. Si prestava attenzione a che non cadesse per terra e, se succedeva, ci si faceva il segno della croce; non lo si metteva mai in tavola collocandolo in modo non nobile: quante sberle ho ricevuto per aver disposto il pane capovolto o, dopo averlo spezzato o tagliato, per non averlo tenuto davanti in modo ordinato!

Rispetto per il cibo significa non avanzarne per capriccio o non lasciarne nel piatto, quasi per celebrare l'abbondanza od ostentare la ricchezza. Gli scarti, i cibi che finiscono tra i rifiuti sono una vergogna di tutto l'emisfero nord del pianeta: ciò che si butta basterebbe a sfamare quel miliardo di persone che soffrono fame e miseria. Rispetto per il pane significa dunque lotta contro lo spreco, volontà di utilizzare gli avanzi e, con ulteriori trasformazioni, renderli dei nuovi cibi che stupiscono e rallegrano.

Benedire e rendere grazie.

Dobbiamo riscoprire in noi, custodire, vivere e accrescere l'atteggiamento di gratitudine. Essere grati fa parte di ogni relazione e, se non si conosce la gratitudine, la relazione stessa è ridotta a scambio e mercato. I credenti in Dio lo benediranno e lo ringrazieranno per questi doni: lo impone la loro comprensione eucaristica della terra. I non credenti in Dio dovranno anche loro essere grati: si sono guadagnati il cibo lavorando, ma quanti, prima di loro, hanno permesso di gustare quel cibo... La gratitudine va sempre a chi ci ha preceduto, poi a chi nei nostri giorni è coinvolto nella fatica della produzione di un alimento. Natura, cultura e lavoro di altri ci permettono la varietà e la bontà dei cibi.

Occorre benedire la terra, dunque, questa terra che è nostra madre e ci nutre donandoci frutti, cibo, erba. Ogni sera prima di salire sul letto mi inginocchio a baciare la terra – come mi hanno insegnato –, e piú invecchio, piú faccio questo gesto con una gratitudine e un amore crescenti, perché dentro di me aumenta la consapevolezza che la lascerò. Dico «Madre terra» perché dopo nostra madre c'è la terra: entrambe ci hanno fatto nascere e ci hanno nutrito. La terra ci accoglierà tra le sue braccia, come tante «pietà» scolpite nelle nostre chiese, che ci raccontano come ognuno di noi, morto, desidera stare sulle ginocchia della madre, abbracciato dalla terra da cui è stato tratto il primo Adamo.

Si ringrazia anche chi ha preparato la tavola e i cibi. Fare da mangiare è l'atto piú elementare di amore: «Ti faccio da mangiare perché tu viva, ti faccio da mangiare bene perché tu viva bene!»

Abitare la tavola.

La tavola, questo mobile sacro che un tempo regnava al centro delle grandi cucine, la tavola di legno massiccio capace di accogliere una decina di commensali (non un tavolino, confinato in un angolo di un cuocivivande!)

era eloquente di ciò che si voleva vivere insieme come famiglia o come amici. La tavola, alla quale «passiamo», non da soli ma con altri, va abitata.

A tavola si dovrebbe convergere per mangiare da uomini, non da animali. Per questo la tavola è sempre stata percepita come l'emblema dell'umanizzazione, il luogo per eccellenza in cui ci si umanizza lungo tutta la vita, da quando da piccoli si è ammessi alla tavola ancora sul seggiolone, fino alla vecchiaia. Anche in queste due fasi estreme della vita stiamo a tavola, magari aiutati da altri, ma stiamo pur sempre a tavola. Il nostro stare a tavola dice la nostra libertà: libertà di figli in famiglia, libertà di amici che si invitano, libertà di chi serve e qualità «signoriale» di chi è servito. Ma a tavola si sperimenta anche l'uguaglianza, un'uguaglianza ordinata: tutti sono chiamati a mangiare con gli stessi diritti, vecchi e bambini, adulti e giovani; tutti possono prendere la parola, domandare e rispondere. A tavola si impara a parlare oltre che a mangiare, si impara ad ascoltare e a intervenire nella convivialità. La tavola ha un magistero decisivo per noi e per ogni essere umano che viene al mondo: ne siamo consapevoli?

Sí, la tavola richiede a ciascuno di noi di esserci con tutta la propria persona, con il corpo ma anche con lo spirito. Sappiamo quanto sia spiacevole per i commensali qualcuno che sta fisicamente a tavola, ma in realtà è altrove. Appena ieri si stava a tavola con il giornale aperto accanto al piatto o la televisione accesa davanti a noi, oggi ciascuno guarda il proprio tablet o lo smartphone: come siamo imbarbariti... La tavola, luogo di comunione, del faccia a faccia, dello scambio della parola, in alcuni casi è diventata il luogo della massima estraneità. È vero che normalmente si mangia con gli stessi commensali; è vero che in una famiglia, oggi ridotta a due o al massimo a tre persone, sembra che non ci siano parole da scambiare: ma allora è meglio il silenzio che l'assordante televisione che cattura i nostri sguardi, la nostra attenzione, e a poco a poco ci rende non piú desiderosi dell'ascolto di chi ci sta davanti.

Stare a tavola, abitarla, è un'arte ma è innanzitutto il quotidiano volto contro volto dell'amato/a, del fratello/sorella, dell'amico/a, dell'altro/a che mangiando con me vive un'azione di comunione straordinaria. Si vive dello stesso cibo, ci si nutre nutrendo le relazioni.

Gustare con tutti i sensi.

Legato al desiderio e all'oralità, il mangiare investe la sfera affettiva e quella sensoriale, emozionale dell'essere umano: tutti i sensi sono convocati, a cominciare dall'olfatto. Prima di vederlo, infatti, prima che le pietanze giungano in tavola, i profumi che vengono dalla cucina ci avvertono; chi conosce un po' l'arte della cucina, e sa ciò che mangia, riconosce con l'olfatto il cibo che gli viene offerto. Gli aromi sono essenziali per iniziare a gustare un piatto e le cucine delle diverse culture del mondo si riconoscono dai profumi che emanano: profumo di curry dell'Oriente, profumo di pepe del Medio Oriente, profumo di verza dal Nord Europa o dalle cucine dei frati, e si potrebbe continuare all'infinito... Svilisce un elemento fondamentale chi si avventa sul cibo senza prima odorarlo. Con il suo profumo, il cibo comincia a entrare in noi, comincia a risvegliare il nostro discernimento e ci spinge al giudizio: buono, meno buono, cattivo. Gli odori si fissano facilmente nella memoria e, quando ritornano, ci rimandano ai ricordi, all'infanzia, alla «nostra» cucina materna. Certi momenti effimeri di un pasto in cui abbiamo sentito profumi che ci hanno fatto trasalire hanno un profumo di eternità.

Dopo l'olfatto la vista, che può diventare anche contemplazione: a volte si guarda estasiati un peperone nella sua semplicità, a volte si è catturati dalla vista di piatti non solo elaborati, ma cesellati, ricamati. Allora il cibo è celebrato da se stesso, dal modo in cui è presentato dal cuoco e inviato a tavola. Occorre avere il coraggio di denunciare che oggi non si sa piú vedere, contemplare il cibo in tavola, mentre si impone il voyeurismo di chi osserva l'arte della cucina sui mass media. Sui canali televisivi o sulla carta patinata quanti piatti si contemplano, dominati come siamo dalla finzione, e poi non sappiamo piú guardare un pane nella sua semplice regalità o una testa d'aglio per fare una bruschetta... Certo, a queste condizioni si può mangiare senza vedere ciò che si mangia, ingurgitando cibo spazzatura. Claude Fischer è arrivato a coniare la sigla OCNI, cioè «oggetti commestibili non identificati», per indicare questi cibi che si mangiano senza guardarli, da parte di molti che «non sanno quello che vedono». Quanti cenacoli, quante tavole di Emmaus dipinti sulle pareti delle nostre chiese, che certamente insegnavano qualcosa sul vedere. Ma oggi chi insegna l'arte del vedere il cibo?

Vi è poi il toccare, il tatto, pure questo importante, anche se oggi per molti cibi ci serviamo di «protesi», il cucchiaio e la forchetta... Ma prima di gustare il cibo, chiudendolo tra lingua e palato, prima di macinarlo con i denti, lo sentiamo tramite l'esperienza tattile. Prendendo in mano una mela oppure una pesca, si hanno esperienze del toccare molto diverse. E certi piatti richiedono che usiamo le mani, sentendo con le dita ciò che mangiamo.

Il tatto diventa poi gusto, ed è proprio il gusto il senso piú importante per chi mangia o beve. Ognuno di noi sviluppa sensibilità gustative in modo molto diverso: la cultura, la famiglia, la terra a cui apparteniamo creano in noi preferenze o addirittura rifiuti nei confronti di alcuni cibi. I cibi, con i loro sapori, plasmano il nostro gusto, la vita poi ce li fa interpretare in modo personalissimo, la storia e i legami affettivi vissuti li caricano di significati infiniti. Non è neppure senza importanza l'aver mangiato un cibo in compagnia di qualcuno invece che di qualcun altro: un cibo possiamo sentirlo cattivo perché l'abbiamo scoperto o mangiato con chi preferiamo non ricordare... Quanti figli non sono riusciti a mangiare degli alimenti finché hanno vissuto nella casa paterna, solo per il fatto che li mangiava il genitore con cui erano in conflitto? Il cibo, con il suo gusto, può riconciliare, aiutare l'amore e la comunione, ma può anche accendere antipatia, opposizioni e addirittura violenza. Ognuno di noi conosce, perché ne è stato testimone in prima persona, questa possibilità: è sufficiente fare un'anamnesi dei pasti vissuti in famiglia, o in convivenza, o in comunità, per avere questa conoscenza della grazia o della disgrazia del «gustare»!

Infine, l'ultimo senso implicato nel gustare il cibo è l'udito, anche se a prima vista lo diremmo estraneo all'atto del mangiare. Per prima cosa si deve dire che un cuoco è chiamato a esercitare l'udito in modo da memorizzare le diverse cotture dei cibi: dal sobbollire del ragú al friggere delle patate, al rosolare di un roast beef, quanti suoni, direi musiche diverse, provengono dalle cotture... E quando si annaffia un arrosto con il vino, quello sprigionarsi insieme di vapore, profumo e crepitio dell'olio dà le vertigini. Il vero cuoco, prima di guardare, sente dal suono che viene dalla pentola se è il caso di intervenire per non lasciar bruciare il cibo che vuole preparare. Poi, quando si mangia, il suono dei cibi in bocca ci giunge alle orecchie attraverso i muscoli della faccia, ma in modo diverso: il frantumare un grissino con i denti, il succhiare una mozzarella, il masticare una bruschetta al pomodoro... non danno solo gusti diversi in bocca ma anche suoni diversi per gli orecchi. È significativo – come mi dissero un giorno dei beduini nell'Atlante, in Marocco – che prima di bere guardiamo il vino nel calice, lo annusiamo con cura, lo sentiamo sulle labbra e infine lo gustiamo in modo differente: sulla lingua, o buttandolo verso il palato, o facendolo danzare tra i denti, o tra le guance, o deglutendolo... Solo il senso dell'udito sembrerebbe escluso. E allora – mi dicevano quei berberi sapienti – prima di bere si battono insieme i calici con l'augurio di salute: il «cin cin» è sonoro, e cosí anche l'udito è implicato.

Mangiare e bere con tutti i sensi è un'operazione assolutamente necessaria: ne va non solo del gusto, ma del senso stesso del mangiare. Tutti i sensi implicano, chiedono, di trovare il senso dei sensi, anche in ciò che mangiamo o beviamo.

Mangiare con lentezza.

Slow food, espressione che ormai tutto conosciamo: per la nostra salute, per gustare ciò che si mangia, ma anche in vista di una maggior sobrietà, del mangiare *secundum mensuram* occorre riscoprire la lentezza. Una buona masticazione è dietetica, consente di preparare il cibo a essere introdotto nello stomaco, ma soprattutto diventa necessaria per riconoscere ciò che mangiamo e giudicarlo (amaro o acido, dolce o salato, mite o speziato sono i sei sapori che il buddhista impara a riconoscere, mangiando adagio).

Noi umani non siamo piú ruminanti, ma per questo dobbiamo trattenere di piú il cibo in bocca, perché da ciò dipende la digestione. Mangiando con lentezza si è piú facilmente sazi e si impara a non abbuffarsi, a non divorare, ma a fissarsi una misura, un limite, a non abbandonarsi alla vertigine del mangiare. Sí, perché avviene per il mangiare come per il bere: piú fretta c'è in questi atti, piú la vertigine ci coglie e ci fa dimenticare la misura; c'è un'ubriacatura per il vino, ma ce n'è anche una per il cibo, che si manifesta in sonnolenza postprandiale, in una stanchezza o in un ebetismo da stolti. Non si può mangiare velocemente e praticare la sobrietà né, tanto meno, il digiuno: limiti posti all'appetito da varie esigenze, sovente religiose, e che oggi scopriamo cosí necessari alla salute.

Condividere il cibo.

La condivisione del cibo è inerente alla nostra condizione di ospiti sulla terra. *Omnia sunt communia*, come già si è detto: le cose e soprattutto i frutti della terra sono di tutti. E la tavola, luogo dove gli uomini e le donne non si pascono ma mangiano, non può che essere il luogo della condivisione. Certo, si tratta di dare da mangiare agli affamati e da bere agli assetati, perché questa è la responsabilità di ogni persona verso chi non ha né pane né acqua per vivere; ma si tratta anche di avere a tavola l'urgenza, il sentimento di «fare comunione» di ciò che si ha davanti.

Qui si mostra l'ethos eucaristico di cui ciascuno è capace: basta infatti tendere la mano e prendere la mela piú grande e bella, lasciando le meno belle agli altri, per dichiarare la propria non volontà di condivisione. Ognuno può consumare ciò che gli spetta, dopo aver condiviso ciò che vi è sulla tavola, altrimenti toglie agli altri, in qualità o quantità, ciò che è destinato a tutti. Non è un caso che i primi cristiani «spezzando il pane nelle case, prendevano cibo con letizia e semplicità di cuore» (*At* 2,46). Solo se c'è condivisione, ci possono essere banchetto e festa; solo se la tavola non è chiusa ma aperta a chi bussa, allo straniero, al pellegrino, al povero, è una tavola veramente umana. Si può anche mangiare poco, anche solo pane e vino, ma se lo si condivide è grande festa, è vera comunione!

Rallegrarsi, gioire insieme.

Infine, proprio perché la tavola è fonte di piacere, il mangiare e il bere procurano gioia, allegria. Quando vogliamo rallegrarci, fare festa, sentiamo il bisogno di celebrare la vita con un pasto, invitando altri alla nostra tavola. Per la nascita di un figlio o di una figlia, per segnare le tappe del loro crescere, per festeggiare un traguardo da loro raggiunto, per celebrare l'amore, per rallegrarsi con un amico ritrovato, si imbandisce la tavola e si fa un banchetto. E piú si vuole festeggiare, piú il banchetto è abbondante. Anche Gesú, quando voleva consegnare un'immagine eloquente della vita del regno di Dio, dove non ci saranno piú la morte né il lutto né il pianto, ricorreva all'immagine della tavola e del banchetto.

Un tempo, per gente che pativa la fame, la tavola era un sogno; oggi, che si può mangiare con abbondanza, dentro di noi non vi è spazio per un'immagine piú evocativa del banchetto, per esprimere una vita bella, buona, felice, una vita piena.

La tavola è l'anticamera dell'amore, un luogo e un momento che non assomiglia a nessun altro, una realtà affettiva e simbolica antica come l'umanità, la possibilità di una comunicazione privilegiata e di una trasfigurazione del quotidiano.

Certo, ci vuole sapienza per vivere la tavola, ma la tavola e il cibo hanno la capacità magisteriale di insegnarcela. Mettiamoci alla loro scuola.

II.
Gesú a tavola

La tavola del popolo di Dio.

Chi legge con assiduità la Bibbia sa quante volte in essa si raccontano pasti, cene, banchetti, si menziona lo stare a tavola, si parla di cibi, di alimenti per la nutrizione dell'essere umano. Testimoniando la storia dell'umanità e la vita di uomini e donne, la Scrittura non può non parlare di cibo e di pasti; e proprio le parole bibliche sul mangiare e sugli alimenti gettano luce su queste realtà umanissime, inerenti alla vita. Per questo *nella Bibbia si trovano indicazioni su cosa mangiare, come mangiare e anche con chi mangiare*. La tradizione ebraica e poi quella cristiana, volendo essere vie di senso per l'umanità, hanno tentato di rischiarare la realtà del cibo, del pasto e della tavola in rapporto sia alla persona che alla società. Ecco perché la tematica del cibo attraversa tutta la Bibbia, dalle prime pagine della *Genesi* al libro finale dell'*Apocalisse*: perché nutrimento, cibo e tavola dicono qualcosa di fondamentale sulla vita umana, sulla sua vocazione, sulle sue sfide e anche sul Dio creduto e confessato.

Come si è già ricordato, ogni pasto narrato nell'Antico Testamento aveva un carattere sacro, i sacrifici offerti al Signore erano anche pasti in cui gli offerenti condividevano il nutrirsi delle vittime o dell'offerta con i sacrificatori, i sacerdoti. E certamente va anche rammentato che la festa principale di Israele, quella che celebrava la sua origine, cioè la liberazione dall'Egitto, era vissuta in un pasto preso la vigilia di Pasqua, pasto in cui si mangiava l'agnello come *zikkaron*, memoriale del riscatto del popolo di Dio. Di generazione in generazione – dice la Torah – Israele mangerà l'agnello immolato dalla comunità con pani azzimi ed erbe amare, come rito perenne, festa del Signore. La Torah precisa inoltre che il pasto pasquale, essendo per Israele un pasto memoriale, non potrà essere condiviso da incirconcisi: «Nessuno straniero ne deve mangiare», «non ne mangi nessuno che non sia circonciso» – si afferma –, proprio subito prima di attestare che «vi sarà una sola legge per l'ebreo e per lo straniero». Il pasto pasquale, di fatto, è paradigma di ogni pasto consumato dal popolo di Israele: sarà sempre condivisione dei frutti della terra e degli animali, uno strumento di comunione, segno dell'alleanza.

Nel libro della *Genesi*, al momento di creare l'umano Dio dice:

> Facciamo l'umano a nostra immagine, secondo la nostra somiglianza: domini sui pesci del mare e sugli uccelli del cielo, sul bestiame, su tutti gli animali selvatici e su tutti i rettili che strisciano sulla terra [*Gen* 1,26].

Poi, dopo la famosa affermazione:

> E Dio creò l'umano a sua immagine; a immagine di Dio lo creò: maschio e femmina li creò [*Gen* 1,27],

si torna a ribadire:

> Dio li benedisse e Dio disse loro:
> «Siate fecondi e moltiplicatevi,
> riempite la terra e soggiogatela,

dominate sui pesci del mare e sugli uccelli del cielo
e su ogni essere vivente che si muove sulla terra» [*Gen* 1,28].

Una chiara eco di questi testi è il salmo 8, che presenta l'uomo «poco meno di Dio», con tutte le creature animali sottomesse ai suoi piedi. Ma di quale dominio si tratta? Subito dopo, infatti, la *Genesi* afferma: «Dio disse: "Ecco, io vi do ogni erba che produce seme su tutta la terra e ogni albero il cui frutto produce seme: saranno il vostro cibo"» e, parallelamente, agli animali della terra e del cielo Dio «dà come cibo ogni erba verde» (*Gen* 1,29-30), la verdura. L'uomo dunque sarà agricoltore e pastore, non predatore. Nutrendosi di vegetali, rispetta gli animali, sui quali deve sí dominare, ma con dolcezza, senza essere mai per loro una minaccia, né dare loro la morte.

È la catastrofe del diluvio che segna il passaggio da un comportamento a un altro. Proprio perché l'uomo ha conosciuto un crescendo di violenza dall'uccisione di Abele da parte di Caino, allora Dio, tenendo conto di tale impulso violento, gli permette di mangiare gli animali, nella speranza che almeno cessi la violenza dell'uomo sull'uomo. Dio afferma: «Quanto si muove sulla terra e tutti i pesci del mare sono dati in vostro potere. Ogni essere che si muove e ha vita vi servirà di cibo». Ma significativamente pone un preciso limite: «Soltanto, non mangerete la carne con la sua vita, cioè con il suo sangue» (*Gen* 9,2-5). È un chiaro segno della necessità di rispettare la vita: bere il sangue dell'animale è incorporare in sé la sua vita, e ciò non è possibile, è oltre il limite! Queste regole non sono meramente alimentari, ma vogliono indicare un comportamento etico dell'uomo verso i suoi simili, un cammino di pace e di convivialità, come il testo precisa con grande sapienza:

«Del vostro sangue, ossia della vostra vita, io domanderò conto; ne domanderò conto a ogni essere vivente e domanderò conto della vita dell'uomo all'uomo, a ognuno di suo fratello», dice il Signore.

Dio fa dunque questo dono di creature buone e salutari, un dono che certo chiede all'uomo responsabilità, consapevolezza di ciò che mangia, rispetto per il cibo e condivisione, perché tutte le creature sono destinate a tutta l'umanità, non ad alcuni privilegiati o «rapinatori». Occorre inoltre ricordare che, quando l'umano si ciba, introduce in sé vegetali e animali, doni della terra, «ciò che la terra contiene, racchiude», e cosí realizza e manifesta la sua consustanzialità con la terra da cui è stato tratto. La terra nutre noi umani, è nutrice e, in questo senso, nostra madre! Tutti gli alimenti sono «salutari, portatori di salute e di salvezza» (cfr. *Sap* 1,14), tutte le creature sono giudicate da Dio molto belle e buone, tutte addirittura hanno una voce, cioè compongono un'orchestra che canta e suona una musica che oggi non sappiamo ascoltare, ma che ascolteremo in un giorno al di là dei giorni.

Ora, questa intenzione di Dio, il Donatore di ogni cosa bella e buona, non è stata compresa fino in fondo dagli umani, che ben presto sul cibo hanno introdotto le categorie del puro e dell'impuro, hanno giudicato alcuni cibi salutari e altri maledetti, finendo per innalzare muri di separazione che impedivano il pasto come azione comune, come gesto di accoglienza e di partecipazione condivisa. Piú precisamente, proprio in ambito alimentare – ambito culturale che decodifica in vario modo il rapporto tra cibo e società – si sono elaborati divieti e prescrizioni, facendo attenzione soprattutto alla categoria della «separazione» come fonte di ordine, idoneità e adeguatezza. L'attenzione a tali regole alimentari non significa soltanto salvaguardare alcune norme igieniche, o mantenere una tradizione, ma ha anche il senso di «separare», cioè «santificare». Ovvero, preparare e consumare cibo *kasher* favorisce un miglior rapporto con gli altri esseri umani, insegna il rispetto per gli animali e per la natura. L'interrogarsi su ciò che si mangia e su come lo si prepara, «santifica», cioè rende altro il rapporto con il cibo, con la terra, con tutte le creature di Dio, stimolando in tal modo una ricerca interiore che si traduce immediatamente in una determinata prassi. In virtú di tali istanze, la tradizione sacerdotale di Israele si è impegnata nell'elaborazione di norme per dare al popolo di Dio una precisa identità, che lo distinguesse dai *gojim*, dalle altre genti. Per questo si distinguono animali puri e impuri, si vietano mescolanze addirittura nei tessuti, si condanna la condivisione della tavola con i pagani. Il tutto a partire dal bisogno di distinzione dagli altri popoli, motivato anche da ragioni teologiche:

> Sarete separati per me, poiché io, il Signore, sono separato e vi ho separato dagli altri popoli, perché siate miei [*Lv* 20,26].

Questo bisogno di identità e di differenza dagli altri, pur originato da intenzioni salutari, in epoca postesilica divenne una vera e propria ossessione, quando la lettura della Torah, della Legge, finí per essere interpretata come principio di separazione all'interno dello stesso Israele, avviando una sorta di «pulizia etnica»! L'impurità fu intesa anche a livello genealogico, al punto che non solo gli alimenti ma anche le persone furono giudicate pure (i giudei) e impure (i *gojim*, i samaritani...) Sorsero poi movimenti religiosi che, seppur composti da laici, volevano obbedire rigidamente alle norme di santità osservate dai sacerdoti: il gruppo piú conosciuto portava il nome emblematico di *perushim*, farisei, cioè «separati». Contro ogni tentativo di assimilazione, opponevano resistenza fino al sangue e diventarono sempre piú intransigenti, aumentando e rendendo piú severe le prescrizioni riguardanti la purità/santità. E cosí l'identità dei credenti era cercata in norme sui cibi e, di conseguenza, nell'esclusione dalla propria tavola di chi non seguiva tali norme: i pagani, i peccatori pubblici, gli uomini e le donne ritenuti indegni di stare a tavola con quanti si consideravano gli unici definibili come figli di Dio, orgogliosamente distinti da quelli che erano pubblicamente impuri, a causa della loro non osservanza della Legge. Il pasto divenne progressivamente sempre di piú un luogo di esclusione, di separazione. I rabbini precisavano con crescente minuzia le prescrizioni al riguardo; i farisei, volendosi interpreti della Legge e amando la Legge piú del Legislatore, erano attentissimi alle regole dietetiche e alle frequentazioni conviviali; i letteralisti, gli osservanti ascetici con il loro rigorismo e la loro predicazione intransigente mettevano in guardia i credenti da ogni mescolanza con i costumi dei *gojim*.

È in questa situazione culturale e religiosa che si colloca e si inserisce il rabbi di Galilea, l'ebreo Gesú di Nazareth, il quale mostra ben presto un comportamento «altro» rispetto a quelli degli uomini religiosi e delle autorità giudaiche. Proprio nel suo stare a tavola, accettare l'invito a tavola opera una rottura, uno strappo con l'etica religiosa dominante. Gesú giudica la separazione tra puro e impuro come una barriera che deve cadere, in vista della comunione umana, e per questo – anche correggendo la Legge, ma nell'ottica di cogliere l'intenzione piú profonda e originaria del Legislatore, di Dio, cioè l'amore per l'uomo – abbatte le frontiere con l'altro, con lo straniero, con l'impuro, con il peccatore. Come già detto, occorre tenere presente che quello del cibo e della commensalità era un tema bruciante per gli ebrei del tempo di Gesú, dunque anche per i primi cristiani: conosciamo dagli *Atti degli apostoli* le resistenze opposte persino da Pietro e dagli altri Undici alle aperture di Paolo su tale argomento. La condivisione della tavola con cristiani di origine pagana, non giudei, faceva problema a Pietro, che peraltro aveva beneficiato di una visione e di una voce dal cielo che gli aveva detto di recarsi senza temere in casa di Cornelio, un centurione romano convertito alla fede, e di mangiare alla sua tavola.

Su tutto questo si staglia la presa di posizione di Gesú, il quale ha avuto un comportamento in base al quale l'evangelista Marco potrà scrivere: «Dichiarava puri tutti gli alimenti». Egli, infatti, sapeva bene che nulla di ciò che entra nell'uomo lo rende impuro, ma lo rende impuro ciò che di malvagio esce dal suo cuore...

Gesú invitato a tavola.

Tra i diversi testi religiosi dell'antichità, nessuno come la Bibbia parla tanto di cibi e bevande, e nessuno come i quattro Vangeli parla tanto di pasti e di banchetti. Gesú è stato totalmente uomo come noi, dunque ha praticato la tavola come ogni essere umano, ma vanno riconosciute una frequenza del suo stare a tavola e un'insistenza su questo tratto della sua persona che vogliono essere portatrici di un messaggio, ben piú che semplici attestazioni. Egli, infatti, amava la tavola quale luogo di incontro con gli altri, parlava sovente di tavola e di banchetto per profetizzare la condizione di comunione con Dio e con sé nel regno, e volle la tavola come luogo che radunasse i suoi discepoli per vivere la sua memoria dopo la sua morte-resurrezione. I Vangeli ci raccontano una quindicina di pasti di Gesú: sono molti in quattro libretti di poche pagine!, e ogni pasto ha una particolarità, è un incontro non ripetibile e un'occasione di annuncio, da parte di Gesú, del regno di Dio veniente.

Come considerazione generale, si può affermare che Gesú desiderava mettersi a tavola e pranzare con le persone con cui entrava in relazione, e proprio per questo si lasciava volentieri invitare da amici e anche da nemici. La presenza di Gesú conferiva alla banalità di ogni pasto un significato piú intenso: il pasto diventava un momento forte nella vita, l'accoglienza di una presenza straordinaria. A tavola egli conversava con facilità, stringeva amicizia, accettava le discussioni che qui potevano sorgere. Stare a tavola per Gesú era un segno, una parabola vissuta del significato della sua stessa missione: portare la presenza di Dio nel mondo, avvicinare il regno di Dio ai peccatori, a chi dal regno si sentiva escluso e lontano. D'altra parte, non si dimentichi che Gesú – come vedremo meglio piú avanti – ha osservato dei tempi di digiuno, una pratica che non disprezzava. Egli però non ha mai imposto esercizi ascetici né vantato penitenze, macerazioni, mortificazioni o sofferenze del corpo. Ha sempre vissuto e insegnato ai suoi compagni una gioiosa libertà. E quando era invitato a pranzo, Gesú restava vigilante, attento, *in primis* alle persone; cercava di vedere e di non lasciarsi sfuggire qualcosa che potesse esser piú urgente della partecipazione a un banchetto.

Gesú in casa di uno dei capi dei farisei.

Per esempio, mentre, in giorno di sabato, sta per entrare in casa di uno dei capi dei farisei per pranzare, nota un uomo malato di idropisia. Allora lo prende per mano, lo guarisce e lo congeda, anche se deve giustificarsi di fronte agli uomini religiosi, che lo criticano per aver operato una guarigione in giorno di sabato, ribadendo che in quel giorno è lecito curare. Ma Gesú osserva anche come gli invitati a pranzo cercano di sedersi ai primi posti, e consiglia di mettersi all'ultimo posto, per non sentirsi dire che ci si deve spostare piú indietro. Esorta inoltre a invitare a pranzo o a cena quelli che non possono contraccambiare, soprattutto i poveri, per non entrare nel terribile meccanismo, sempre interessato, dell'invitare per essere invitati. «Al contrario, – afferma – quando offri un banchetto, invita poveri, storpi, zoppi, ciechi; e sarai beato perché non hanno da ricambiarti». Anche se magari questi non accetteranno e rifiuteranno il dono: bisogna esporsi a tale rischio! Invitare qualcuno alla propria tavola è l'occasione di praticare la gratuità, atteggiamento essenziale che precede ogni azione di bontà e di dono.

Gesú e la tavola che esclude i poveri.

Gesú ha anche parlato della tavola che separa, che divide, che esclude anziché rendere partecipi e commensali. Si pensi alla parabola del povero Lazzaro e del ricco: quest'ultimo è condannato da Gesú non perché mangiava o stava a tavola ma perché «vestito di porpora e di bisso, faceva festa ogni giorno splendidamente», non riuscendo neppure a vedere il povero Lazzaro che «giaceva alla sua porta, coperto di piaghe, bramoso di sfamarsi con quello che cadeva dalla tavola del ricco». Qui sta il male: non nel mangiare, ma nel banchettare sempre. Il ricco della parabola non sa distinguere tra pasti feriali e pasti festivi (gioiose rotture del quotidiano che, innestate nei nostri giorni, prefigurano il banchetto della fraternità e della giustizia in cui si realizzeranno le promesse messianiche), entrambi necessari per vivere una vita buona. Piú in particolare, la sua colpa è quella di non condividere, di separarsi, escludendo i poveri dalla sua tavola.

Questo è imperdonabile per Gesú, che sapeva frequentare i banchetti, quando era invitato, ma sapeva anche accontentarsi del «pane di ogni giorno», che invocava da Dio e da lui riceveva: Gesú infatti amava la tavola, ma disdegnava quella da cui erano esclusi i poveri, la tavola imbandita senza la preoccupazione della condivisione. Preparare una tavola solo per alcuni, consumare un pasto senza discernere chi ha fame ed è solo, è una contraddizione innanzitutto alla festa, che può essere vissuta soltanto «insieme» e «mai senza l'altro»; ma è anche una contraddizione alla volontà del Signore, che ci dona il cibo perché tutti partecipino alla tavola della terra e nessuno ne sia escluso.

Gesú e i pasti con i peccatori pubblici.

I Vangeli sinottici attestano dei pasti presi da Gesú insieme a gente pubblicamente malfamata, peccatrice, disprezzata, agli scarti della società. Ci raccontano che un chiamato alla sequela di Gesú, Levi, era un pubblicano che stava seduto a riscuotere le imposte in una città sul lago di Tiberiade. Gesú, passando, «lo vide [...] e gli disse: "Seguimi". Ed egli, lasciando tutto, si alzò e lo seguí». Lo sguardo e la parola di Gesú hanno attirato quest'uomo e cosí egli si è convertito, affidandosi incondizionatamente a lui. Gioioso per il nuovo cammino intrapreso, Levi si congeda dai suoi amici (che certamente non erano religiosi osservanti!) con un grande banchetto, e Gesú partecipa a questo pasto senza remore, scatenando però la reazione dei difensori delle osservanze dettate dalla Legge. I farisei, questi militanti, e i loro scribi, sicuri della loro capacità di influenza e della loro autorità, cercano di destabilizzare i discepoli di Gesú: «Come mai mangiate e bevete insieme ai pubblicani e ai peccatori?» Ma Gesú risponde: «Non sono i sani che hanno bisogno del medico, ma i malati; io non sono venuto a chiamare i giusti, ma i peccatori alla conversione». I pasti di Gesú erano percepiti come affronti alla sensibilità religiosa comune.

Se Gesú è venuto per invitare alla conversione i peccatori, innanzitutto li va a cercare dove essi sono, e poi stabilisce con loro una comunione umana attorno alla tavola: è cosí che si crea la situazione in cui si possono instaurare conoscenza reciproca, mutua accoglienza, comunicazione! E siccome questo avveniva abitualmente, i nemici di Gesú finivano per chiamarlo con disprezzo «un mangione e un beone, un amico di pubblicani e di peccatori» (*Lc* 7,34; *Mt* 11,19), e spesso mormoravano dicendo: «Costui accoglie i peccatori e mangia con loro» (*Lc* 15,2). La verità invece andava colta nell'abbondanza dell'amore di Gesú, che sa accogliere la gratitudine di Levi per averlo ritenuto degno di essere fatto discepolo; che accetta di stare a tavola gioiosamente per festeggiare l'evento di un peccatore che ha detto no al suo passato e si è incamminato su una nuova via; che vuole mostrare la sua capacità di empatia e di amicizia verso tutti, nessuno escluso.

Molto simile a questo banchetto è quello nella casa di Zaccheo. Entrando in Gerico, Gesú vede un uomo che, essendo piccolo di statura, pur di vederlo si è arrampicato su una pianta, un sicomoro. Gesú lo guarda in volto e gli dice: «Zaccheo, scendi subito, perché oggi devo dimorare a casa tua». E Zaccheo scende in fretta e lo accoglie in casa, pieno di gioia. Anche qui una chiamata, un entrare in casa, un sedere a tavola, contrapposti a una mormorazione, di cui Gesú non si cura: «È entrato in casa di un peccatore!»

Gesú a tavola presso gli uomini religiosi.

Ma non sempre la tavola alla quale Gesú è invitato diventa luogo di vera accoglienza, di ascolto di Gesú e dunque di comunione. Egli, infatti, accoglieva l'invito a tavola da parte di tutti: da parte di peccatori ma anche da parte di «giusti» osservanti, i farisei, come già si è visto. Era ritenuto un rabbi famoso, e la curiosità spingeva dei farisei a ospitarlo nella loro casa: ed egli accetta, come ci testimonia per due volte il Vangelo secondo Luca. Nel primo episodio chi invita Gesú è un fariseo di nome Simone. Gesú entra nella sua casa, ma l'ospite che offre quel pasto si mostra subito riservato nei suoi confronti: vuole Gesú a tavola, ma senza compiere gesti d'amore verso di lui. Nei banchetti solenni era usanza che il padrone di casa salutasse con un bacio l'ospite per cui offriva il banchetto, che i servi gli lavassero i piedi e che fosse versata sui capelli dell'ospite una goccia di profumo. Era un rito di accoglienza segnato da attenzione, affetto, volontà di onorare l'ospite. Ma Simone non fa nulla di tutto questo per Gesú...

Ed ecco, entra in quella casa una donna innominata, conosciuta da tutti in città come «una peccatrice», dunque una prostituta, che compie per Gesú i gesti che egli avrebbe dovuto ricevere in qualità di ospite. Si avvicina in modo nascosto e, presa da commozione, bacia i piedi di Gesú, li bagna di lacrime, li asciuga con i suoi capelli e li cosparge di profumo. Simone resta scandalizzato: non si rimette in discussione per aver negato i gesti previsti dall'ospitalità, ma sa guardare solo al peccato della donna e conclude che Gesú non è profeta, come egli già pensava, dal momento che si lascia avvicinare e toccare da una donna impura. Per lui Gesú o è un ingenuo oppure è uno a cui queste cose piacciono, in quanto anche lui peccatore: ma certo non è un profeta! Gesú allora, resosi conto di questo mormorare tra sé da parte di Simone, gli narra una parabola per spiegargli che a chi ha molto amato – come questa donna che gratuitamente e senza essere lei l'ospite ha fatto molto – moltissimo si perdona. E cosí dice alla donna: «I tuoi peccati sono perdonati [...] La tua fede ti ha salvata; va' in pace!» Qui la tavola è diventata luogo di contraddizione: colui che ha invitato Gesú non è stato un ospite alla sua altezza, non ha capito nulla, non è entrato in comunione con lui; colei che invece è entrata nella casa, non invitata e di soppiatto, ma con fede e amore, ha ottenuto l'amore di Gesú. Sí, la tavola non è per tutti un luogo di comunione: dipende da come si sta a tavola con gli altri commensali, dal desiderio di comunione con loro, e dalla volontà di celebrare con il pasto, con il banchetto, l'incontro, la fraternità, l'amicizia.

Sempre Luca ci parla di un altro pasto a cui Gesú è invitato da un fariseo anonimo – «Un fariseo lo invitò a pranzo. Egli entrò e si mise a tavola» –, pasto che finisce in una veemente polemica. Vedendo l'ipocrisia dei presenti, le loro osservanze di prescrizioni umane, l'ossessione delle loro supererogazioni al fine di acquisire meriti, Gesú si scatena in una serie di: «Guai a voi, farisei! Guai a voi, dottori della Legge!» Ciò rappresenta una rottura con gli uomini religiosi, il fallimento della sua missione tra loro: Gesú, che aveva accettato di sedersi a tavola anche con loro, da questi non sarà piú invitato a pranzo e ormai come nemici complotteranno per farlo morire.

Gesú a tavola presso gli amici.

Abbiamo però anche cenni di uno stare a tavola di Gesú con amici che lo accolgono con premura, gli offrono la casa per riposarsi e per riprendere le forze nel suo cammino verso la Pasqua. Luca ci parla della sosta di Gesú nella casa di due sorelle, Marta e Maria. Come il loro fratello Lazzaro, sono amiche di Gesú e la loro casa a Betania è poco distante da Gerusalemme. Mentre Gesú sosta con loro, Maria con audacia si fa sua discepola, mettendosi ai suoi piedi per ascoltarlo come un rabbi, mentre Marta prepara tutto per l'accoglienza pratica di Gesú, dunque anche il pranzo. Se quest'ultima è rimproverata da Gesú non è perché prepari il pasto, che Gesú gradiva, ma perché preferisce restare una donna serva senza diventare discepola. Prima – le dice Gesú – è necessario l'ascolto della parola di Dio, prima è necessario diventare discepola, poi si può predisporre la casa e il cibo per l'accoglienza.

Anche il Vangelo secondo Giovanni, in due episodi ci parla dell'amicizia di Gesú con Marta, Maria e Lazzaro e ci testimonia che costoro offrono a Gesú una cena, l'ultima prima della sua passione. Questi amici sono suoi commensali, ed è cosí grande l'affetto che li lega a lui, che Maria unge di profumo preziosissimo i piedi di Gesú, «e tutta la casa si riempí dell'aroma di quel profumo». Straordinario: una cena di amici, l'ultima cena insieme, in cui il profumo che si spande è segno di quell'affetto che non troverà nessun limite, ma sarà addirittura piú forte della morte. Ed ecco la promessa riservata da Gesú a questo gesto, secondo i sinottici: «Amen, io vi dico: dovunque sarà proclamato il Vangelo, per il mondo intero, in memoria di lei si dirà anche quello che ha fatto». Si annuncerà la morte e la passione del Signore rifacendo i gesti di Gesú sul pane e sul vino «in memoria di lui», ma si annuncerà anche ciò che questa donna ha fatto per Gesú, «in memoria di lei». Memoria dell'amore di Gesú, memoria dell'amore degli amici per Gesú!

Le nozze di Cana.

Non possiamo infine dimenticare che nel quarto Vangelo, il Vangelo «altro», il primo gesto pubblico di Gesú è proprio la partecipazione a un banchetto di nozze, a Cana di Galilea. Non ci viene detto chi sono gli sposi, né si parla del cibo preparato, certamente abbondante e festoso. Ci viene però detto che a quel pranzo era presente la madre di Gesú e che Gesú stesso e i suoi primi cinque discepoli vi erano stati invitati. Questa scarsità di notizie sugli aspetti normalmente piú importanti di un matrimonio (chi sono gli sposi? Perché Gesú e sua madre sono invitati?), vuole indicarci che quel banchetto ha un significato che va ben oltre una festa nuziale. Conoscendo Giovanni e il suo modo di «testimoniare» parole e fatti di Gesú, comprendiamo che queste sono nozze messianiche, nozze tra lo Sposo, il Messia, e la sposa, la sua comunità, rappresentata dai discepoli ormai coinvolti nella vita di Gesú; nozze avvenute il terzo giorno dopo l'incontro con i discepoli, il settimo giorno dopo l'annuncio, da parte del Battista, di Gesú il Veniente.

E tuttavia anche questo pasto di Gesú ci dice qualcosa di umano, di umanissimo. Il banchetto è in corso, la festa procede, ma a un certo punto la madre di Gesú si accorge che è venuto a mancare il vino. Può proseguire un banchetto senza vino? Come può essere celebrata la festa, se non c'è piú vino? La madre di Gesú, dunque, pensa di riferire la cosa a suo figlio: «Non hanno vino». Ma Gesú sembra reagire con stizza: cosa vuole da lui la madre? C'è forse un legame dovuto alla carne e al sangue tra lei e Gesú, ormai impegnato nella sua missione? Ecco dunque le sue parole dure: «Cosa c'è tra me e te, donna? Non è ancora venuta la mia ora». Parole enigmatiche, che indicano comunque una presa di distanza. E poi cosa significa: «Non è ancora venuta la mia ora»? Quale ora? La madre ribatte semplicemente ai servitori: «Qualsiasi cosa vi dica, fatela», lasciando a Gesú ogni decisione.

Egli allora ordina ai servitori di riempire d'acqua sei anfore di pietra (contenenti circa cento litri l'una) destinate alla purificazione e di portarle al maestro di tavola, ed essi obbediscono. Ma ecco che l'acqua nelle giare è diventata vino: seicento litri di vino per quel banchetto, una misura infinita... Non solo, si tratta di ottimo vino, come constata meravigliato il *maître*, che cosí si rivolge allo sposo: «Tutti mettono in tavola il vino buono all'inizio e, quando si è già bevuto molto, quello meno buono. Tu invece hai tenuto da parte il vino buono finora». E cosí Gesú «diede inizio ai segni, manifestò la sua gloria e i suoi discepoli credettero in lui». Ora comprendiamo: si tratta di nozze tra Gesú e i discepoli che aderiscono a lui, grazie al suo primo segno, cioè a un gesto che fa segno, che indica, che ha significato.

In ogni caso, è straordinario che Gesú abbia scelto come prima azione significativa di fornire vino, il vino dell'alleanza, il vino dell'amore. Sono stati attribuiti tanti significati a questo primo segno di Gesú e al vino buono e abbondante che ha rallegrato le nozze, ma mi limiterò a cogliere in questo gesto il rapporto che Gesú aveva con il vino. Non era il rapporto di un nazireo, un asceta che si asteneva dal vino, né quello di un recabita, altra categoria di astemi. In questo Gesú non seguiva neppure il suo amato maestro e profeta Giovanni il Battista, «il piú grande tra i nati di donna», che non beveva vino né bevande inebrianti. Gesú sapeva che il vino è un grande dono fatto da Dio all'umanità, dono che genera gioia e consente di celebrare l'amore, di cantare l'amicizia; sapeva che è un'arte bere il vino nei banchetti, con gli amici, mentre in sottofondo vi sono la musica e i canti. Dobbiamo dirlo: Gesú è stato chiamato «mangione e beone» proprio perché non disdegnava di stare a tavola e di brindare con chi lo aveva invitato e con gli altri commensali.

Certo qualche rigorista devoto, mai assente nelle comunità e nei gruppi religiosi, avrebbe potuto rimproverare Gesú, come farà Giuda a Betania: «Perché sprechi un segno, un miracolo, per dare da bere vino?» Gesú invece desiderava festeggiare proprio con il vino l'incontro con i suoi discepoli, che diventeranno suoi amici. Già all'inizio del suo ministero, dunque, Gesú ha bevuto vino buono e abbondante, con gli invitati a nozze; poi – come vedremo – la sera di Pasqua ha bevuto con i suoi amici il vino del «passaggio», della Pasqua (*Pesach*, *Phase*); e un giorno, nel regno, berrà il vino nuovo con noi tutti. Il messaggio portato da Gesú è buona e bella notizia: essendo lui lo Sposo, finché c'è lo Sposo si brinda; poi, quando sarà tolto e se ne andrà, chiederà di sperare di bere vino nuovo, tutti insieme, in un banchetto senza fine.

Ancora oggi un discepolo di Gesú dovrebbe saper bere un vino squisito con gioia e rendimento di grazie per celebrare l'amore, l'amicizia, la relazione ritrovata, dovrebbe saper brindare alla vita e perfino a Gesú, che ha donato la vita in pienezza. Saper bere cosí è un atto di memoria e di amore.

Gesú e il digiuno.

Dopo aver letto tutti i racconti dei pasti di Gesú, si impone un accenno alla sua pratica del digiuno. Resta vero che egli fu chiamato «mangione e beone», ma al di là di queste espressioni dispregiative usate dai suoi avversari, qual è stato in verità il suo rapporto con il digiuno?

Quale ebreo, Gesú conosceva questa prassi risalente alla tradizione dei padri, un'usanza attestata in tutto il Medio Oriente. Il digiuno veniva praticato collettivamente innanzitutto in occasione di *Jom kippur*, il giorno dell'espiazione dei peccati secondo la Legge, festa autunnale di purificazione, di rinnovamento e quindi di pentimento per i peccati commessi dai singoli e da tutto il popolo di Israele. In questo giorno ci si asteneva dal mangiare e dal bere, in modo che anche il corpo partecipasse alla contrizione del cuore e cosí tutta la persona si sentisse impegnata in un cammino di conversione, di ritorno a Dio, nella consapevolezza e nella tristezza per i peccati commessi in contraddizione alla sua volontà e al suo amore. Piú tardi furono prescritti altri giorni di digiuno, come il 9 del mese di Av, per fare memoria della distruzione del tempio ad opera dei Babilonesi nel 587 a.C., in altre circostanze, o in occasione di momenti di lutto o di pericolo.

Digiunare, astenersi dal prendere cibo, è un atto che contraddice il naturale desiderio di mangiare e di bere, e di fatto rende le persone «desideranti» in modo piú consapevole. Proprio in questo desiderio piú acceso possono innestarsi altri desideri: desiderio di vita interiore, spirituale; desiderio di mutamento di vita (penitenza); desiderio di vivere in silenzio e in solitudine per essere piú assidui con il Signore (preghiera, intercessione); desiderio di manifestazione a se stessi e ad altri del proprio dolore (lutto). Queste varie finalità del digiuno venivano vissute, allora come oggi, in modi diversi e con accenti diversi, e vi era anche chi lo praticava come mortificazione, autopunizione o sacrificio a causa dei propri sensi di colpa.

È certo che al tempo di Gesú il movimento dei farisei praticava il digiuno con intensità, anche oltre le esigenze della Legge, almeno in due giorni la settimana. Lo stesso Giovanni il Battista appare come un profeta ascetico che viveva in luoghi deserti, vestiva con pelli di cammello e una cintura ai fianchi, mangiava radici selvatiche e miele. In realtà nella sua predicazione non chiede mai il digiuno, ma piuttosto azioni di giustizia e di fraternità, sulla scia dei profeti che avevano ammonito:

> Cosí dice il Signore:
> È forse come questo il digiuno che desidero,
> un giorno di mortificazione?
> Piegare come un giunco il proprio capo,
> usare sacco e cenere per letto,

forse questo vorresti chiamare digiuno
e giorno gradito al Signore?
Non è piuttosto questo il digiuno che voglio:
sciogliere le catene inique,
togliere i gravami del giogo,
rimandare liberi gli oppressi
e spezzare ogni giogo di oppressione?
Non consiste forse il digiuno
nello spezzare il pane con l'affamato,
nell'accogliere in casa i miseri, senza tetto,
nel vestire gli ignudi,
senza distogliere gli occhi dai tuoi?
[*Is* 58,5-7].

Giovanni digiunava in attesa della venuta del giorno del Signore e il digiuno era da lui vissuto come un mezzo per vigilare, per essere sentinella in Israele, uomo di attesa e di discernimento del Veniente. Gesú dirà di lui: «È venuto Giovanni, che non mangia e non beve, e dicono: "È indemoniato"». E aggiungerà: «È venuto il Figlio dell'uomo, che mangia e beve, e dicono: "Ecco un mangione e un beone, un amico di pubblicani e di peccatori"». Gesú dunque non è stato un asceta come Giovanni, ha frequentato pranzi e banchetti dove era invitato da amici. Nel contempo, però, ha saputo anche digiunare. I Vangeli sinottici testimoniano il lungo digiuno da lui vissuto nel deserto dopo il battesimo ricevuto da Giovanni e prima di iniziare il suo servizio della Parola. Egli pratica il digiuno per quaranta giorni, cioè per un tempo lungo, quasi rivivendo il tempo dell'esodo di Israele nel deserto, oppure i quaranta giorni del ritiro nel deserto da parte di Mosè e di Elia.

Ai suoi discepoli Gesú ha comandato di vegliare, di pregare, non ha mai comandato direttamente la pratica del digiuno, anche se ha dichiarato che, nei giorni in cui non sarebbe piú stato sulla terra, quale Sposo tolto dalla sua comunità, la sposa, allora essi avrebbero digiunato. A chi pratica il digiuno, senza contestarlo, Gesú chiede di praticarlo umilmente, senza esibizioni, senza desiderio di farsi vedere e ammirare. Meglio non digiunare che essere ipocriti, assumere arie abbattute o sfigurate, meglio non digiunare che passare accanto al prossimo in difficoltà... Il vero digiuno – anche per Gesú – resta quello chiesto dai profeti, che esige comportamenti di giustizia, amore e misericordia. Il digiuno è un mezzo, non un fine, e non è una garanzia di entrare in comunione con Dio.

È vero però che, quale mezzo che impegna tutta la persona nella sua unità di mente e corpo, il digiuno è uno strumento efficace per restare vigili, in attesa, per restare consapevoli di fronte al cibo, per esercitarsi al dominio e alla disciplina degli appetiti, sovente bulimici, per saper mangiare con misura. Ma il digiuno non può essere raccomandato: solo chi lo pratica con pazienza ne sente i benefici nel corpo, nella trasparenza del suo pensare, nella capacità di ri-orientarsi verso l'essenziale.

La mia ormai lunga esperienza mi dice che il digiuno è necessario non come mortificazione o sacrificio, ma come esercizio di sobrietà, di autolimitazione che sa porre dei limiti e dare una misura; come possibilità di poter dare di piú agli altri, privandosi di qualcosa, non di superfluo, ma di essenziale. Oggi nella Chiesa cattolica la pratica del digiuno è ridotta solo al tempo quaresimale, nei due giorni del mercoledí delle ceneri e del venerdí santo; ma ciò non vieta che, senza pretesa di meritare qualcosa da Dio, si possa praticare il digiuno per vivere meglio, per una migliore qualità del nostro alimentarci, per conoscere meglio e quindi saper ordinare i nostri appetiti in vista di una vita piú salutare. Sí, nel digiuno c'è in primo luogo una dimensione salutare, poi una spirituale, interiore, e anche una sociopolitica, se il digiuno diventa occasione di condivisione e di rispetto degli alimenti. Digiunare è un'operazione evangelica e cristiana, ma essere ossessionati dal cibo e da regole quali «Non prendere, non gustare, non toccare» – come afferma la *Lettera ai Colossesi* – significa seguire

> [...] prescrizioni e insegnamenti umani, che hanno una parvenza di sapienza, ma sono falsa religiosità, mortificazione inutile del corpo, e in realtà non hanno alcun valore se non quello di soddisfare desideri carnali [*Col* 2,21-23].

Nella vita del cristiano c'è molta libertà nei confronti degli alimenti e del digiuno, perché il comandamento nuovo non riguarda queste pratiche ma la condivisione, la fraternità, la carità, l'amore reciproco.

La tavola del Signore: Gesú invita a tavola.

Gesú non solo è stato invitato a tavola, ma ha anche invitato a tavola, alla sua tavola. Ecco perché nel Nuovo Testamento troviamo le espressioni «tavola del Signore» e «cena del Signore».

Le condivisioni dei pani e dei pesci.

A tale riguardo, dobbiamo in primo luogo fare almeno qualche allusione alle cosiddette moltiplicazioni (ma sarebbe forse meglio parlare di «condivisioni») dei pani e dei pesci che Gesú ha compiuto per le folle che lo seguivano. Si tratta di autentici pasti raccontati da tutti gli evangelisti, e addirittura precisati in due racconti da

Marco e da Matteo. Le narrazioni sono dunque sei, e ciò indica l'importanza attribuita dagli evangelisti all'episodio, sia in quanto profezia della cena del Signore lasciata come memoriale ai suoi discepoli nella vigilia della sua passione, sia in quanto profezia del banchetto escatologico che Dio prepara nel regno per tutta l'umanità.

Conosciamo bene i racconti: la folla segue Gesú in luoghi solitari, è ormai sera e i discepoli si preoccupano perché non hanno nulla da dare da mangiare a tante persone. Gesú invece ha compassione nel vedere questa folla numerosa, sente questi uomini come pecore senza pastore e dà loro il cibo della Parola. Alla fine chiede ai discepoli: «Voi stessi date loro da mangiare». I discepoli obiettano che hanno solo cinque (sette) pani e due (pochi) pesci, ma Gesú comanda di far adagiare quella folla sull'erba verde, «a gruppi di commensali» (*Mc* 6,37-39): non si tratta solo di mangiare, di consumare cibo, ma siamo in presenza di un banchetto, di un simposio, nel quale i commensali mangiano insieme, fanno comunione.

> Gesú allora
> *prese* i cinque pani e i due pesci,
> alzò gli occhi al cielo,
> *pronunciò la benedizione*,
> *spezzò* i pani
> e *li dava* ai suoi discepoli
> perché li distribuissero a loro;
> e divise i due pesci fra tutti
> [*Mc* 6,41 e par.].

Sottolineo un particolare determinante: quattro dei verbi qui usati sono quelli che ritorneranno – come vedremo – anche nella descrizione dei gesti compiuti da Gesú sul pane nell'ultima cena: gesti talmente performativi, talmente riassuntivi dell'intera vita di Gesú spesa nella libertà e per amore, che si può ricorrere solo a essi per narrare anche gli altri banchetti da lui offerti nella sua vita. Potremmo dire che gli *ipsissima gesta Christi* si sono impressi nella mente dei suoi discepoli piú dei suoi *ipsissima verba*! Gesú aveva uno stile, come quello di certi contadini che ho conosciuto: stile nel prendere il pane tra le mani, stile nello spezzarlo, stile nel porgerlo e stile nel deporlo. Tutte azioni che celebravano il pane, che dicevano attenzione, gioia, stupore, gratitudine, desiderio di donare...

Qui dunque è Gesú che invita al banchetto, che dà da mangiare pani e pesci, è lui che presiede quei gruppi disposti ad aiuola come in un simposio. Anche in questo caso l'insegnamento è grande: il pane e il pesce sono un dono di Dio, sono cibo per l'uomo, e quando l'uomo benedice Dio per il cibo e sa condividerlo, allora c'è davvero cibo per tutti! Anche quando si ha poco, se sappiamo benedire e condividere vedremo il poco moltiplicato e sufficiente per tutti. Dono e condivisione sono la dinamica di ogni pasto, e anche il poco va sempre condiviso. Sí, questi pasti della moltiplicazione dei pani che Marco e Matteo collocano sia in terra di Israele, come profezia dell'eucaristia donata agli ebrei, sia in terra pagana, come profezia dell'eucaristia donata alle genti, attestano la volontà di Gesú, lui che è il pane e il vino donati, lui che è la vita donata e offerta a tutta l'umanità.

L'ultima cena.

Ma questi pasti ai quali Gesú ha invitato le folle annunciavano anche ciò che sarebbe avvenuto nella sua passione e morte, evento di cui egli ha voluto lasciare un segno, un memoriale, nel banchetto eucaristico. No-

nostante le differenti ottiche con cui cercano di leggere la vicenda di Gesú, i Vangeli sinottici sono concordi: nell'imminenza della Pasqua – che nell'anno 30 della nostra èra ricorreva il sabato 8 aprile – Gesú, volendola celebrare da ebreo in alleanza con Dio e volendola portare a compimento, a pienezza, venuto il giorno degli azzimi manda i discepoli a fare i preparativi per poter «mangiare la Pasqua» in una casa a Gerusalemme, dove c'era una sala al piano superiore arredata con divani. La Pasqua ebraica era (ed è ancora) soprattutto celebrazione del pasto vigiliare, nel quale si mangiava (si mangia) l'agnello pasquale con pani azzimi ed erbe amare. Quando tutto è pronto, venuta la sera, Gesú è nella «sua sala» con i Dodici, la sua *haburah*, la sua comunità, e subito – secondo Luca – dice loro la grande gioia costituita per lui da quella cena: «Ho desiderato con grande desiderio (*desiderio desideravi*) mangiare questa Pasqua con voi, prima della mia passione, perché io vi dico: non la mangerò piú, finché essa non si compia nel regno di Dio» (*Lc* 22,15-16). Poi, preso un calice colmo di vino, lo diede ai discepoli dicendo di condividerlo, perché era l'ultimo vino, frutto della vite, che egli beveva qui sulla terra, prima di berlo come «vino nuovo» nel regno di Dio.

Possiamo dire che questo è stato l'ultimo brindisi di Gesú, un gesto straordinario, carico di speranza, di promessa e di addio: «Fratelli, – dice ai discepoli – beviamo per l'ultima volta insieme, qui e ora; ma, siatene certi, berremo di nuovo insieme il vino nuovo nel regno, il vino del banchetto escatologico», quel banchetto che non potrà essere tale se mancherà il vino. Poi Gesú e la sua comunità mangiano la cena, quella che giustamente chiamiamo «l'ultima cena». È stato un pasto con piatti pasquali e parole scambiate che spiegavano i gesti con creatività e sapienza; è stato un pasto in cui Gesú ha voluto dire ciò che piú gli stava a cuore, a Pietro e agli altri Undici, tra cui anche Giuda che lo aveva venduto; è stato un pasto testamentario, in cui Gesú ha espresso le sue ultime volontà, riassunte nel «comandamento nuovo», ultimo e definitivo, dell'amore reciproco, guardando al futuro della sua comunità, dopo la separazione da lui. Nei quattro Vangeli, ma soprattutto in *Luca* e in *Giovanni*, pur in modi molto diversi, c'è la testimonianza del testamento di Gesú che se ne sta andando verso la morte con grande consapevolezza. Pare che anche a quella tavola i discepoli non abbiano capito, né bene né tutti; che anche a quella tavola – come sovente accade nelle nostre tavole – siano affiorate contese; che anche a quella tavola vi sia stato chi pensava di dover essere servito senza mai servire gli altri. Gesú allora dà l'esempio di «stare a tavola, in mezzo a loro, come colui che serve» (cfr. *Lc* 22,27).

L'assoluta novità di quell'ultima cena, capace di inaugurare un tempo nuovo, quello della nuova alleanza, furono due gesti di Gesú, narrati dai sinottici e da Paolo nella *Prima lettera ai Corinzi*. Mentre erano a tavola e mangiavano

> [Gesú],
> preso del pane
> e pronunciata la benedizione [o anche: «reso grazie»],
> lo spezzò
> e lo diede loro, dicendo:
> «Prendete, questo è il mio corpo».
> E preso un calice
> e avendo reso grazie,
> lo diede loro
> e ne bevvero tutti.

E disse loro:
«Questo è il mio sangue dell'alleanza,
che è versato per le moltitudini» [cfr. *1Cor* 11,23-25].

Ecco i gesti che anticipano come segno la passione e la morte del Signore, ecco i gesti che i discepoli dovranno fare in sua memoria: ecco il dono dell'eucaristia. Gesú prende il pane del bisogno, il pane necessario per la vita dell'uomo, benedice Dio per esso, lo spezza e lo divide dicendo: «Questo è il mio corpo, questa è la mia vita donata a Dio. Partecipate alla mia vita, mangiando il mio corpo in questo pane». Poi prende il calice del vino, il vino della non necessità, della gratuità e della gioia, il vino mai assente nelle nozze, nella celebrazione dell'alleanza, nella celebrazione dell'amore, e su quel calice, dopo aver reso grazie, dice: «Questo è il mio sangue dell'alleanza, della nuova alleanza. Tutta la mia vita è donata a voi, e voi bevendo al calice permettete che la mia vita rappresentata nel sangue entri in voi. Una sola vita in me e in voi, una comunione profonda, comunione di corpo e di sangue». La tavola eucaristica è paradossalmente quella della presenza che dà pienezza, ma che sparisce sotto le comuni e fragili apparenze del pane condiviso e del calice del vino che passa di mano in mano: pane della povertà e calice della gioia. Solo i poveri conoscono la gioia del pane condiviso e la consolazione di un sorso di vino...

Da quella sera è sempre pronta per ciascuno di noi la tavola del Signore, in cui ci sono offerti pane e vino, corpo e sangue di Cristo, affinché siamo una sola cosa con lui e tra di noi. Abbiamo una tavola in cui ci è possibile comunicare con Cristo fino a vivere della sua vita, fino a diventare sua dimora, fino a introdurre in noi il suo corpo e il suo sangue che, nel paradossale metabolismo eucaristico, trasformano noi in corpo e sangue di Cristo. Come durante tutto il suo ministero, Gesú era stato commensale dei peccatori, e anche alla fine ha voluto essere commensale dei peccatori: di Giuda che lo aveva venduto, di Pietro che per paura avrebbe detto di non averlo mai conosciuto, degli altri, pavidi, pusillanimi e sbiaditi, con la sola forza di fuggire abbandonandolo tutti. In verità, senza l'amore fedele di Gesú, anche quell'ultima cena sarebbe stata un ben misero banchetto pasquale, perché i commensali erano poveri uomini, incapaci di saldezza e fedeltà alla chiamata del loro maestro!

Questo gesto del pane offerto e del calice condiviso con il comando: «Bevetene tutti», ancora oggi denuncia quanto poco siamo fedeli alle parole di Gesú, adducendo molte scuse che ci paiono sensate. Ma, se Gesú ha chiesto: «Bevetene tutti», perché i fedeli della comunità cristiana continuano a non bere al calice? E se i pasti di Gesú non sono stati un luogo di separazione dettata da norme di purità, se Gesú è stato alla tavola dei peccatori rompendo con la prassi veterotestamentaria, se ha mangiato l'ultima cena con una comunità cosí misera e peccatrice, perché l'eucaristia che celebriamo spesso è un luogo di esclusione all'interno della stessa comunità cristiana? Possiamo escludere dall'eucaristia, dalla tavola del Signore, quelli che faticano sotto il loro giogo e che Gesú voleva rinvigorire?

Sono interrogativi su cui la Chiesa si è confrontata in questi ultimi tempi e in particolare nell'anno intercorso tra i due sinodi dei vescovi dedicati alla famiglia. Un travaglio fecondo che papa Francesco ha voluto affinché la Chiesa fosse fedele alle esigenze poste dalla «tavola del Signore»: essa è luogo di guarigione e di comunione per noi, che siamo tutti peccatori, oppure è luogo di esclusione (anche di altri battezzati non cattolici, a cui è negata l'ospitalità eucaristica...)? Il problema non riguarda solo i divorziati ma riguarda tutti noi, riguarda me che conosco i miei peccati, che non mi sento migliore di quelli che hanno peccati pubblici come i pubblicani del Vangelo. Perché se io penso che per andare alla tavola del Signore devo essere degno, allora, in coscienza, non ci devo andare mai. Posso andarvi solo da mendicante, chiedendo umilmente di essere fatto sedere a tavola agli ultimi posti, sperando che il Signore mi riconosca capace di accogliere la sua misericordia. Chiediamoci se non facciamo dell'eucaristia «un pasto chiuso», una tavola ben delimitata; e se, cosí facendo, non erigiamo nuovamente un muro intorno alla tavola del Signore, un muro come quello costituito dalla Legge, che separava puri e impuri, un muro che proprio Gesú con la sua morte ha fatto cadere...

Purtroppo la tavola della comunione è stata spesso trasformata in tavola di divisione: ma rifiutare di condividere il pane è spezzare la fraternità! La commensalità alla tavola eucaristica del Signore è stata contraddetta dai cristiani nei secoli, fin dai tempi di Ignazio di Antiochia (martirizzato a Roma all'inizio del II secolo d.C.), il quale era costretto a scrivere ai cristiani di Filadelfia:

> Abbiate cura di partecipare a una sola eucaristia, perché una è la carne del Signore nostro Gesú Cristo e una è la coppa del suo sangue [*Ai Filadelfesi* 4].

Nel corso dei secoli le istituzioni ecclesiastiche si sono scandalosamente servite della tavola eucaristica per scomunicare, minacciare, colpire, reprimere. Mutamenti di rituali, indurimenti dogmatici, interessi politici, rigorismi disciplinari, rigidità di formule: tutto è servito per fare della tavola eucaristica un luogo di esclusione...

Cosí si è dimenticato che lo stare a tavola di Gesú e i pasti da lui vissuti obbedivano sempre a una sola logica: accogliere i peccatori per offrire loro la salvezza. La tavola del Signore non è un premio per i buoni, non è un privilegio per alcuni, come ci ricorda papa Francesco:

> L'eucaristia non è un premio per i perfetti ma un generoso rimedio e un alimento per i deboli [*Evangelii gaudium* 47].

No, essa è cattedra della condivisione, cattedra della comunione dei beni materiali e spirituali, cattedra della misericordia di Dio per noi e della misericordia da vivere nella reciprocità della comunità cristiana.

La lavanda dei piedi.

Infine, quando riandiamo all'ultima cena di Gesú, dovremmo anche ricordare la versione che di essa ci fornisce il quarto Vangelo. Giovanni, infatti, non ci racconta le parole e i gesti sul pane e sul vino, ma ci vuole testimoniare il significato profondo del gesto della frazione del pane e della condivisione del calice: essi sono segni del servizio compiuto da Gesú tra i suoi. Per questo, secondo Giovanni, Gesú non esita a modificare il rituale della cena pasquale. Se nella cena pasquale a chi presiedeva la tavola venivano lavate le mani dagli inservienti, qui Gesú fa esattamente il contrario: lava lui, e lava i piedi ai commensali, ai discepoli. Ecco l'ultimo pasto di Gesú, da comprendersi come il luogo del servizio reciproco, secondo il suo preciso comando:

> Se io, il Signore e il Maestro, ho lavato i piedi a voi, anche voi dovete lavare i piedi gli uni agli altri [*Gv* 13,15].

La tavola del Risorto.

Non si può riflettere sulle differenti partecipazioni alla tavola di Gesú durante la sua vita, senza menzionare la tavola del Risorto: Gesú, infatti, non è solo stato ospite a tavola quando era invitato, non ha solo invitato lui stesso alla sua tavola uomini e donne. Secondo la testimonianza dei Vangeli anche quando, dopo essere risorto da morte, ha voluto incontrare i suoi discepoli, lo ha fatto alcune volte proprio a tavola. Di questo stare a tavola del Risorto ci sono consegnati una menzione da Marco, due racconti da Luca e uno dal quarto Vangelo.

Gesú a tavola con i discepoli di Emmaus e con gli Undici.

Il racconto di Luca, comunemente intitolato dei «discepoli di Emmaus», è conosciutissimo. Nel primo giorno della settimana, tre giorni dopo la morte di Gesú, due discepoli lasciano Gerusalemme, diretti verso un villaggio di nome Emmaus. Mentre camminano, un uomo si avvicina e fa strada con loro. Pone domande su ciò di cui stanno discutendo, poi spiega loro tutto ciò che nelle sante Scritture riguarda Gesú, parlando anche della sua passione, morte e resurrezione. Giunti al villaggio, lo sconosciuto sembra voler proseguire il suo cammino, ma i due discepoli, capaci di ospitalità, di attenzione all'altro, anche se ignoto, come hanno imparato vivendo con Gesú, lo invitano a restare con loro perché ormai si fa notte.

Ed eccoli seduti a tavola, sopra la quale c'è del pane. Lo sconosciuto lo prende tra le mani, pronuncia la benedizione, lo spezza e lo dà loro. I due vedono quelle azioni cosí familiari: ricordano la moltiplicazione dei pani, la cena pasquale – stesse azioni, stesse parole – e lo riconoscono. «Allora si aprirono loro gli occhi e lo riconobbero. Ma egli divenne invisibile per loro». Proprio a questo punto i due hanno il coraggio di confessarsi l'un l'altro: «Non ardeva forse in noi il nostro cuore mentre egli conversava con noi lungo la via, quando ci spiegava le Scritture?» Cosí partono in fretta e ritornano a Gerusalemme, per dire a tutti gli altri che hanno visto Gesú e lo hanno riconosciuto nello spezzare il pane. Sí, una tavola, del pane, qualcuno dice la benedizione, spezza il pane e lo dà ai commensali: è la cena del Signore, è la tavola del Risorto! Quello stile di Gesú, quella voce, quel gesto, quella memoria di un «già visto» non banale ma straordinario, assai eloquente: ecco l'eucaristia, la cena del Signore.

Da allora i discepoli celebrano l'incontro con il Risorto soprattutto il primo giorno della settimana, lo celebrano alla sua tavola, sicché il banchetto eucaristico sarà ciò che li convoca, la memoria preziosa ed efficace tra le memorie di lui. Il pasto diventa cosí un segno decisivo: testimonia una presenza e una tavola alla quale siedono, invitati, i credenti in Gesú; è un'epiclesi della sua presenza in cui egli viene e si dona interamente. Non è un caso che subito dopo, quando i due sono ormai rientrati a Gerusalemme e stanno con gli altri, Gesú viene, sta in mezzo a loro e dice: «Pace a voi!» (cfr. *Lc* 24,36-48). Essi sono sconvolti e pieni di paura, «credendo di vedere uno spirito». Allora Gesú, resosi conto che non celebrano la sua presenza con un pasto, chiede qualcosa da mangiare, per manifestare loro che alla sua tavola lo troveranno e lo vedranno. Forse ricordando che egli aveva moltiplicato i pesci per le folle, i discepoli gli offrono del pesce arrostito e lui lo prende, per dire che realmente sta con loro, mangia con loro, condivide con loro il cibo, perché questa condivisione è assolutamente necessaria alla comunione. Quanta fatica ha fatto Gesú per insegnare come stare e cosa fare alla sua tavola, cosa si deve dire alla sua tavola, cosa cioè raccontare e ricordare per renderlo presente... Gesú a tavola spiega le Scritture dell'antica alleanza, ricorda ai discepoli le parole da lui dette durante gli anni di vita comunitaria e li rende credenti, dunque capaci di parlare a lui: credono e quindi parlano, e parlando imbandiscono la tavola eucaristica, rendono Gesú presente nella comunità cristiana e nel mondo.

Gesú mangia con i suoi discepoli ai bordi del lago.

Anche il quarto Vangelo ci parla di Gesú risorto che prepara una tavola ai suoi. Dei dodici discepoli, quel giorno sul lago di Tiberiade ce ne sono sette. Sembra che, dopo la morte di Gesú, costoro siano tornati in Galilea e abbiano ripreso la loro attività di pescatori. Su iniziativa di Pietro, anche gli altri vanno a pescare sul lago ma quella notte non prendono pesci. È ormai l'alba e sulla riva del lago c'è uno sconosciuto che domanda loro: «Avete qualcosa da mangiare?» Stanchi e desolati per la notte di lavoro vano, gli rispondono negativamente, ma questo sconosciuto li invita con ironia a gettare ancora una volta le reti in mare: «La gettarono e non riuscivano piú a tirarla su per la grande quantità di pesci».

Il discepolo amato da Gesú, visionario a causa dell'amore sperimentato su di sé (chi è amato, lo sa e accoglie l'amore, vede lontano!), grida agli altri: «È il Signore!»

Lui lo riconosce, gli altri no. Pietro, avvertito da questo grido, essendo nudo si cinge la veste intorno ai fianchi e si getta in acqua. Gli altri fanno ritorno alla spiaggia con la barca e, appena scesi, vedono un fuoco e della brace, con del pesce sopra ad arrostire. Lo sconosciuto dice loro: «Portate un po' del pesce che avete preso ora», poi aggiunge: «Venite, mangiate». Ma ormai tutti l'hanno riconosciuto: è Gesú, il Signore vivente! Infatti, egli prende il pane e lo dà loro, e cosí pure il pesce: ancora una volta Gesú prepara e offre loro un pasto. Certo, qui tutto è un segno (*semeîon*) – come è tipico nel quarto Vangelo – ma raccontato mediante un pasto di pane e pesce arrostito, cucinato e offerto da Gesú stesso.

Sostiamo davanti a questo dato: Gesú si fa riconoscere mangiando attorno a un fuoco pane e pesce, un cibo semplice ma essenziale per i Galilei del lago di Tiberiade. Invece di lasciarci incantare dai racconti di miracoli, perché non ci lasciamo coinvolgere da questi racconti di condivisione di cibo, da Gesú che viene a offrirci o a chiederci cibo? Racconti umanissimi, come era umanissimo Gesú... Non c'è qui un magistero straordinario per i nostri incontri, per le nostre relazioni, per le nostre vite familiari o comunitarie? Il magistero della tavola del Risorto, tavola da lui preparata e offerta, accoglie tutti, anche Pietro che aveva rinnegato, anche quelli che non sapevano riconoscerlo, cosí come accoglie il discepolo amato, fedele fin sotto la croce.

Confesso che è solo nel cibo che lui mi ha dato e continua a darmi, che ogni giorno ricomincio a vivere con speranza e con la convinzione che la tavola del Signore è il magistero piú decisivo per le nostre tavole, per il nostro condividere il cibo, per il nostro attendere quel banchetto che oggi è negato a molti ma che alla fine sarà una festa per tutti, festa cosmica nel suo regno.

La tavola dei cristiani.

Sta scritto negli *Atti degli apostoli* che la comunità dei credenti in Gesú Cristo risorto da morte e Signore vivente era contraddistinta da quattro perseveranze:

> Erano perseveranti
> nell'insegnamento degli apostoli (*didaché tón apostólon*)
> e nella comunione (*koinonía*),
> nella frazione del pane [la celebrazione eucaristica]
> e nelle preghiere
> [*At* 2,42].

Subito dopo si specifica che quei cristiani

> si riunivano in uno stesso luogo (*epí tò autò*),
> avevano tutte le cose in comune (*hápanta koinà*),
> vendevano le loro proprietà e sostanze
> e le condividevano con tutti,
> secondo il bisogno di ciascuno.
> Ogni giorno erano perseveranti insieme nel tempio e,
> spezzando il pane nelle case,
> prendevano cibo con gioia e semplicità di cuore,
> lodando Dio
> e godendo il favore di tutto il popolo
> [*At* 2,44-47].

Questa è la Chiesa nascente, generata dallo Spirito Santo nella Pentecoste. Luca ne traccia un ritratto certamente ideale, che sarà presto contraddetto nella vita di ogni giorno; resta però un ritratto esemplare, che in ogni tempo troverà uomini e donne intenti a realizzarlo nel loro «oggi» e nel loro «qui».

Nell'ottica di questa riflessione, vorrei evidenziare

come sia stata letta quale importante e decisiva per la comunità cristiana la pratica del prendere il pasto insieme nelle case: si tratta di un gesto che sta nello spazio della fede nel Dio Creatore e Trasfiguratore di tutte le cose, e nello spazio cristiano della carità che è sempre comunione e condivisione. A tavola i cristiani scambiano parole, si esercitano nella fraternità; e quando la loro tavola diventa «tavola del Signore», rendono grazie e, con la frazione del pane e la benedizione sul calice, fanno memoria del loro Signore e inverano la loro comunione con lui. Pasto fraterno e pasto eucaristico non sono lo stesso pasto, ma sono una realtà significativa inscindibile. I cristiani della Chiesa nascente potevano dire di non avere, come i pagani, un'ara, un altare, ma di avere una tavola: la tavola del Signore.

La pratica della tavola eucaristica è definita dall'apostolo Paolo «cena del Signore» ed è interpretata come comunione al corpo e al sangue di Cristo, sicché la comunità, pur essendo composta di molti membri, partecipando al pane unico diventa un corpo solo. Straordinario mistero, straordinaria epifania: Gesú Cristo, il crocifisso risorto, è la vita stessa della comunità cristiana. Ma questa realtà della carne del Signore è facilmente contraddetta e può essere manipolata. Paolo, leggendo alcune patologie dei cristiani di Corinto proprio nel vivere la cena del Signore, li ammonisce severamente fino a dire che il loro modo di consumare la cena non è piú un mangiare la cena del Signore. Questo perché il rito era salvaguardato, ma ai gesti e alle parole non corrispondeva piú il vissuto della comunità.

Cosa accadeva? Quando i Corinzi si radunavano per mangiare insieme, non comprendevano piú quella pratica come servizio del Signore-Servo, come condivisione

Fra tutti, come sinfonia di fraternità. Portavano il cibo per quella cena, ma non lo condividevano, non erano neanche capaci di aspettarsi l'un altro, e cosí il loro pasto non era piú né «comune» né «comunionale». La cena del Signore era diventata epifania di ingiustizia, nella quale i poveri, i non abbienti, erano svergognati da chi invece, non povero, non bisognoso, consumava il proprio cibo senza pensare al fratello o alla sorella accanto, che ne erano privi. Paolo interpreta questa prassi eucaristica come un effetto dell'accecamento di quei cristiani che non sapevano piú discernere il corpo reale di Cristo nella comunità, in primo luogo nei poveri e negli ultimi. È scandaloso celebrare, proclamare, cantare con le parole ciò che si contraddice con il comportamento, con la vita! Eppure può avvenire, come ci testimonia già questa pagina neotestamentaria: il pasto eucaristico può essere sfigurato, ridotto a una menzogna... In quella comunità il rito del pasto era diventato piú importante di ciò che doveva significare: la comunione vissuta fino alla condivisione di ciò che si ha.

Proprio da questo brano parenetico possiamo ricevere preziose indicazioni per conoscere il magistero silenzioso dell'eucaristia celebrata ancora oggi: non solo comunione con il Signore e nel Signore, ma anche esigenza di giustizia, di attenzione e cura reciproca, condivisione senza condizioni di ciò che si ha come beni materiali e spirituali. Purtroppo già il Nuovo Testamento ci testimonia la patologia del «pasto comune», non solo qui ma anche nel quarto Vangelo: è per correggere un'errata interpretazione del pasto eucaristico che Giovanni vi sostituisce il gesto della lavanda dei piedi, servizio dello schiavo compiuto da Gesú verso i suoi discepoli, che i discepoli devono compiere gli uni verso gli altri, reciprocamente.

Tornando alla pagina paolina, nell'ammaestrare i cristiani di Corinto sull'eucaristia, l'apostolo continua: «Ogni volta che mangiate di questo pane e bevete al calice, voi annunciate la morte del Signore, finché egli venga». In tal modo pone un limite alla celebrazione eucaristica e le dà un orientamento decisivo: sarà celebrata fino a che il Signore venga, fino alla venuta nella gloria del Cristo Signore, fino a quando il regno di Dio sarà instaurato in modo definitivo e pieno. Ecco l'orientamento escatologico della celebrazione eucaristica, ecco perché al suo cuore l'assemblea canta: «Annunciamo la tua morte, Signore, proclamiamo la tua resurrezione, nell'attesa della tua venuta (*donec venias*)». Ecco perché le antiche eucaristie prevedevano, dopo l'anamnesi dell'istituzione eucaristica, l'invocazione *Marana tha!*, «Vieni, Signore Gesú!», «Vieni presto!»

Alla fine dei tempi l'eucaristia non sarà piú celebrata con pane e vino, ma sarà celebrata da tutta l'umanità, che farà il suo ringraziamento a Dio per averla creata e salvata. L'immagine che noi umani possiamo tenere davanti è sempre quella di un «pane del cielo», di un «vino nuovo». Ma pane e vino nel regno saranno la comunione inebriante all'amore di Dio: noi saremo in Dio l'amore, perché da lui amati all'estremo, da lui salvati e resuscitati con Cristo, diventati figli nel Figlio, seduti alla sua destra nel regno eterno. Ce lo ha promesso Gesú:

> Io preparo per voi un regno, come il Padre mio l'ha preparato per me, perché mangiate e beviate alla mia tavola nel mio regno [*Lc* 22,29-30].

Questo banchetto del regno, però, non sarà riservato solo ai discepoli, perché Gesú ha anche profetizzato che

> [...] molti verranno dall'Oriente e dall'Occidente e siederanno a tavola con Abramo, Isacco e Giacobbe nel regno dei cieli [*Mt* 8,11; cfr. *Lc* 13,29].

Con questa promessa Gesú rinnova quelle fatte dai profeti, i quali, per descrivere il regno di Dio definitivamente instaurato e per fornire un'immagine del regno messianico, parlavano di banchetti che suscitavano desiderio, che facevano sognare i poveri credenti, i quali spesso conoscevano fame, sete, o perlomeno penuria. Per citare solo uno dei testi piú luminosi, a questi poveri che nella loro povertà gridavano al Signore, a questi curvati (*'anawim*), a questi miseri (*'anjim*) obbligati a dire sempre sí ai potenti, Isaia promette:

> Il Signore dell'universo imbandirà un banchetto, lo preparerà per tutti i popoli sul monte Sion, un banchetto di vivande scelte e vini eccellenti, di cibi gustosi e vini raffinati [*Is* 25,6].

Ecco la nostra grande speranza, la speranza del banchetto del regno. Per questo diciamo: «Beati gli invitati alla cena del Signore», o anche: «Beato chi mangerà il pane del regno di Dio» (*Lc* 14,15).

Nel frattempo – come ammonisce *Qohelet* – dobbiamo «gustare le cose buone nel mangiare e nel bere, frutto del nostro lavoro e della mano di Dio» (cfr. *Qo* 2,24), dobbiamo lodare il Signore per il pane che gli chiediamo e che lui ci dona quotidianamente.

Ma dobbiamo anche vegliare per sentire gli inviti alla tavola del Signore: «Beati gli invitati al banchetto nuziale dell'Agnello» (*Ap* 19,9); per rispondere al Signore Gesú che dice:

> Io sto alla porta e busso. Se qualcuno ascolta la mia voce e mi apre la porta, io verrò da lui, cenerò con lui ed egli con me [*Ap* 3,20].

Ascoltiamo questa voce: è la voce di Gesú che ci parla, anche se non lo riconosciamo, nell'affamato, nell'assetato, nello straniero, nell'ignudo, nel malato, nel prigioniero. Ma nell'ultimo giorno, invitati alla sua tavola, finalmente lo riconosceremo, quando egli ci dirà:

> Tutto quello che avete fatto a uno di questi piú piccoli, che sono miei fratelli, l'avete fatto a me [*Mt* 25,31-46].

Pane e vino sulla tavola di Gesú.

Una tavola con sopra del pane e una bottiglia di vino è per me un'immagine impressa nella memoria, una visione indelebile, magisteriale, venerabile. Chi entrava nelle case della mia terra dopo la Seconda guerra mondiale vedeva regnare al centro della stanza una tavola di legno massiccio: grande, perché destinata a molti commensali; solida, perché doveva indicare la stabilità di una famiglia che la lasciava in eredità alle nuove generazioni; ornata da una tovaglia al centro, come se fosse un altare. Su questa tovaglia erano sempre presenti una forma di pane e una bottiglia di vino, per dire all'ospite che c'era da mangiare anche per lui. Come ho raccontato e scritto piú volte, a casa mia su quella nappa mia madre aveva ricamato a punto croce la frase: «Il pane, il vino e l'olio siano lezione e consolazione». Quando entravo in casa, guardavo sempre quella tavola (abbellita da un vaso di fiori dalla primavera fino all'autunno) con venerazione. Una tavola, il pane e il vino: una presenza che si imponeva e che non poteva non dare da pensare anche a un ragazzo distratto dalla sua adolescenza... Solo piú tardi scoprii con grande meraviglia nella Bibbia, di cui ero divenuto un assiduo lettore, che nel tempio di

Gerusalemme, luogo di incontro tra Dio e il suo popolo, proprio davanti al Santo dei santi, dove la *Shekinah*, la Presenza di Dio, aveva il suo trono e il suo sito, c'era una tavola coperta di oro, preziosa e splendente. Una tavola per Dio? Certo, Dio non mangiava, ma in quel modo si testimoniava che ogni tavola può diventare un pasto al quale Dio è presente. Su questa tavola erano deposti «i pani del volto», cioè dodici pani posti l'uno sull'altro in due pile da sei, che venivano mangiati ogni sabato dai sacerdoti. Questi pani stavano dinanzi a Dio, quale unica realtà visibile davanti alla tenda che chiudeva il Santo dei santi, dunque testimoniavano la sua Presenza: non il pane era Dio, né stava al suo posto, ma si mangiava il pane davanti a Dio per avere comunione con lui. Chi andava al tempio e cercava la Presenza di Dio per contemplarla e adorarla, vedeva quei pani, nient'altro che quei pani. Questa consapevolezza mi ha sempre fatto trasalire, commosso, toccato: cerco Dio e vedo pane, il pane del suo volto! E resto convinto che ci sia un filo che collega questi pani del volto al pane eucaristico conservato nelle nostre chiese: purtroppo quest'ultimo non è pane, e sovente è interpretato in modo magico, ridotto a un Cristo «cosificato»... eppure è il pane del volto del Signore.

Il pane.

Perché il pane? Perché era il cibo del Mediterraneo, nato in Egitto nel II millennio a.C., ma poi cotto nel forno a legna dai Greci e diffusosi presto in tutto il Medio Oriente e quindi nel Mediterraneo. Nella terra di Israele il frumento, la vite e l'olivo erano le colture che regnavano, e il pane era considerato il nutrimento base, il cibo per eccellenza: «pane dalla terra», pane frutto della terra, dunque dono del Creatore, ma anche frutto del lavoro dell'uomo, il quale deve guadagnarlo con la fatica e il sudore del volto. Confezionato con farina e acqua, cotto dal fuoco, il pane è sí un alimento specifico, ma è diventato l'equivalente di ogni cibo, tant'è vero che nel linguaggio comune non avere pane significa non avere nulla da mangiare, condurre un'esistenza precaria. Il pane esprime il bisogno, ciò che è necessario per vivere, e perciò diventa anche simbolo della vita. Mancanza di pane significa fame, quindi malattia e morte! Proprio perché il pane è «necessario», è un bisogno, esso è anche «quotidiano», nutrimento di ogni giorno, perché questo è il ritmo del cibarsi da parte dell'essere umano.

Il pane: basta guardarlo nella sua realtà e materialità per accogliere un linguaggio, uno zampillare di simboli e significati, una messe di trasposizioni e metafore.

Il pane: basta sentirne il profumo quando è appena sfornato, passando accanto a un forno o a una panetteria, per percepire un sentimento di vita.

Il pane: basta spezzarlo – tagliarlo un tempo era proibito! – per sentire nei nostri orecchi quel sonoro frantumarsi di crosta che risuscita in noi l'immagine del pane nel forno, avvolto dal fuoco.

Il pane: basta toccarlo per sentire le forme diverse, la sua croccantezza quando è appena uscito dal forno, la sua pienezza quando è il pane di ieri.

Il pane: basta metterlo in bocca e gustarlo per dire che è buono; fino a dire di un'altra cosa o persona: «È buona come il pane!»

Gustare il pane da solo, o intinto in un bicchiere di vino, o insaporito da un velo di olio, è operazione ormai rara, eppure quando qualcuno la compie gli si riempie piú il cuore dello stomaco: si riempie di gioia, di semplicità consapevole, di essenzialità ritrovata. In ogni caso, il pane chiede sempre rispetto, venerazione, attenzione per ogni singolo pezzo; oggi invece lo si spreca, lo si rende uno scarto, ma questo comportamento è una bestemmia, segno di profonda ingratitudine e di non sapere quello che si fa!

Nella Bibbia il pane è presente dalla prima all'ultima pagina, perché non si può descrivere e leggere l'uomo, creatura mortale, senza menzionare la sua qualità di creatura bisognosa, innanzitutto del cibo, di cui il pane è immagine. Il pane è per il bisogno dell'uomo, lo nutre e gli dà la vita, e il collegamento tra l'umanità e il pane è essenziale. Per questo il pane è dono di Dio, affinché gli umani vivano: Dio lo dona per amore e gratuitamente, ai buoni e ai cattivi, ai giusti e agli ingiusti, cosí come dona il sole, creatura all'origine delle origini della vita. «La terra è mia e voi siete presso di me come pellegrini e forestieri» (*Lv* 25,23), dice il Signore. Gli esseri umani sono abitanti, ospiti, ai quali è fatto dono della terra e di quanto contiene, perché abbiano vita in abbondanza. Il pane è il dono che rappresenta tutti i doni materiali, rappresenta la terra stessa, e per questo il credente nella preghiera insegnata da Gesú invoca il dono del «pane di ogni giorno»; e vivendo nella mitezza, che è umiltà e bontà verso tutti, può ereditare la terra.

Proprio da questa sua qualità di dono gratuito, scaturisce la necessità che il pane non sia «mio» o «tuo», ma «nostro». Come «nostro» è il Padre che è nei cieli, cosí «nostro» è il suo dono primo: il pane quotidiano. Dono di Dio a noi, affinché noi aiutiamo questo dono a raggiungere quelli che non vi possono accedere, o perché alcuni se lo accaparrano per se stessi, oppure perché a volte viene a mancare. Come Dio ci dona il pane, il nostro primo compito è donarlo a nostra volta, condividerlo. La Legge che il Signore dona a Mosè è martellante sull'esigenza del donare il pane all'affamato, del condividerlo con chi non ne ha, dell'offrirlo all'ospite, anche allo straniero. Ciò non è altro che collaborazione all'azione di Dio, che «dona il pane a ogni vivente», «dona il pane agli affamati», «sazia di pane i poveri», assicura il pane quotidiano ai giusti. Ma può farlo solo se gli umani non impediscono questo dono, frapponendosi tra Dio e i bisognosi, arraffando tutto per loro stessi, ma preparandosi cosí una caduta mortifera.

Il messaggio biblico è inequivocabile sulla destinazione universale della terra, delle sue risorse, e dunque del pane che tutte le riassume e le significa, al punto da affermare che dare il pane all'affamato è condizione di salvezza. Non è un caso che nella tradizione rabbinica si attesti che Mica, colui che fece fondere una statua di metallo prezioso per darsi al culto idolatrico, avrà parte al mondo di Dio perché aveva donato il pane ai poveri affamati. Altrove si dice che rabbi Huna spezzava il pane all'inizio del pasto, come nel *seder* pasquale, poi apriva la porta di casa dicendo: «Chi è bisognoso, venga e mangi». Sí, il pane va condiviso sempre e con tutti i bisognosi, con gli affamati, che non sono mai da definire fratelli, parenti, residenti o stranieri, vicini o lontani, ma semplicemente «affamati», uomini e donne che, se non sono sfamati, vanno verso la morte.

Abbiamo visto come per i profeti

> [...] il vero digiuno che Dio gradisce [...] consiste nel condividere il pane con l'affamato, nell'introdurre in casa, alla propria tavola, i miseri [cfr. *Is* 58,6-7],

perché si deve arrivare a mangiare meno o poco, se ciò è necessario per condividere il pane. Comprendiamo come, in questa scia profetica, Gesú abbia voluto «moltiplicare» il pane per inaugurare l'èra messianica come sconfitta della fame: pane donato, condiviso fuori della logica dello scambio e del mercato; pane sempre poco per tutti ma che, condiviso, diventa abbondante; pane che non è solo ciò che si ha ma ciò che si è, e che può essere donato agli altri spendendo la vita per loro. Per questo – come già si è evocato, ma vale la pena ripetere ancora – nel giorno del giudizio chi ha dato da mangiare all'affamato entrerà, benedetto, nel regno; mentre chi non lo avrà fatto se ne andrà, maledetto, fuori del regno della vita.

Certo, «non di solo pane vive l'uomo»; ovvero, il pane necessario per vivere non basta a far vivere gli umani. Ed è a tavola che si impara e si sperimenta questa verità, perché da piccoli abbiamo bisogno che qualcuno ci dia da mangiare, da adulti di qualcuno che ci prepari il cibo con amore e con il cibo esprima il suo amore; abbiamo bisogno di dire grazie e di capire che ciò che mangiamo non è solo l'unione di natura e cultura ma è anche dono che ci viene fatto. A tavola ci esercitiamo, o meglio dovremmo esercitarci, a condividere e a fare della tavola stessa un luogo in cui accogliamo e invitiamo l'altro. La tavola non è mai per uno solo, è per l'altro, per gli altri, per la fraternità, l'amore, l'umanizzazione.

È dunque necessario qualcosa oltre il pane, qualcosa di cui il pane è umile segno, qualcosa che come il pane sappia portare la vita, una vita altra rispetto a quella meramente biologica, ma che tuttavia non la nega né la disprezza. Nell'uomo ci sono una fame, un desiderio, una ricerca che non si fermano al cibo. Il cibo è assolutamente necessario: dove non c'è cibo, non c'è corpo umano; dove non c'è corpo umano, non c'è uomo né donna, non c'è essere vivente. E tuttavia per umanizzarsi non basta il pane: occorre la presenza dell'altro, degli altri, dei quali ognuno di noi ha «fame» e «sete». Essere umani significa essere affamati e assetati: non avere fame né sete è già essere morti! Se siamo umani, siamo sempre tesi alla comunione, comunione con gli altri, comunione con la terra, comunione con chi sempre ci precede e ancora ci segue, che osiamo chiamare Dio e Padre! Proprio per questa tensione, il pane frutto della terra e della nostra cultura, il pane condiviso e dunque capace di renderci compagni (da *cum-panis*), il pane che ci fa vivere, diventa la presenza, la *res* venerabile, che narra l'umanità, la accompagna e la fa vivere.

Il vino.

Nel Mediterraneo accanto al frumento cresce la vite: il frumento nei campi e a valle, la vite sui pendii e sulle alture. La terra di Israele, terra «promessa», è cosí definita nelle benedizioni pronunciate da Mosè prima di morire: «Terra di frumento e di mosto, dove il cielo stilla rugiada» (*Dt* 33,28). Quando Mosè inviò alcuni uomini dal deserto di Paran, dove si trovava il popolo uscito dall'Egitto, nella terra di Canaan promessa dal Signore, questi dopo la ricognizione fecero ritorno con un tralcio di vite cui era attaccato un grappolo d'uva talmente grande che dovette essere portato da due uomini appeso a una stanga. Dunque si tratta di una terra resa feconda dalla presenza della vigna, e non è un caso che il popolo di Israele sia paragonato proprio a una vigna, la vigna del Signore: Osea lo paragona a una «vite rigogliosa»; Isaia compone il «canto della vigna»; il salmo 80 piange la vigna un tempo strappata all'Egitto, trapiantata nella terra di Canaan, cresciuta ed estesasi, e ora devastata e bruciata dai nemici del popolo; e Gesú, secondo la visione «altra» del quarto Vangelo, arriva a paragonarsi a una vigna, alla «vite vera».

Tra i doni che Dio aveva fatto al suo popolo donandogli la terra, il vino – in ebraico *jajin*, in aramaico *chamar*, letteralmente «il rosso», in greco *oínos* – è quello piú benedetto insieme al pane. La convinzione di Israele è che Dio abbia creato tutto «buono e bello» e che sia stato Noè il primo a piantare una vigna e a produrre il vino, come consolazione sua e degli scampati al diluvio che aveva devastato la terra. Di piú, il Targum attesta che

> Noè cominciò a essere un uomo coltivatore della terra, quando trovò un ceppo di vite che il fiume aveva strappato al giardino dell'Eden. Lo piantò per avere un pergolato e la vite germogliò, fiorí e fece maturare dei grappoli d'uva che Noè pigiò [Targum Neofiti a *Gen* 9,20].

È vero che Noè bevve troppo vino, fino a ubriacarsi, ma non aveva ancora imparato a prendere le misure; e poi il disastro era stato tale che egli aveva bisogno di dimenticare... Sappiamo che la coltura della vite, atta a produrre vino, risale a quasi diecimila anni fa, nella regione dell'Armenia; per questo la tradizione leggendaria colloca Noè tra i patriarchi e fa approdare l'arca sulle pendici del monte Ararat, in Armenia, dove ancora oggi permangono tecniche di vinificazione arcaiche ma in grado di produrre straordinari prodotti enologici. In ogni caso, il vino all'indomani del diluvio, cosí come quello prodotto dopo l'ingresso nella terra promessa, sono il segno di una consolazione, di una ri-creazione, di una novità donata da Dio alla terra.

In Israele il vino era prodotto, bevuto, amato e cantato, fino a essere introdotto nel culto del tempio. Erano infatti previste offerte quotidiane di vino che, sparso sulle carni degli animali immolati e messi al fuoco, diffondeva insieme a esse un soave profumo. Neppure nel pasto dei sacrifici di comunione mancava il vino, che nell'esistenza quotidiana di ogni ebreo era pensato come scaturigine della vita. Per questo i sapienti si domandano: «Che vita è quella dove manca il vino, creato fin dall'inizio per la gioia degli umani?» (*Sir* 31,27). Questo paragone tra vino e gioia, tra vino e vita in pienezza, è fortemente attestato e sottolineato in tutta la Bibbia ebraica. Nel famoso apologo di Iotam, per esempio, quando gli alberi chiedono alla vite di regnare su di loro, essa rifiuta, dicendo: «Rinuncerò al mio mosto, che allieta Dio [*sic*!] e gli uomini?» (cfr. *Gdc* 9,12-13). Il vino è davvero creato per la gioia degli umani, per alleviare le loro sofferenze, per far dimenticare le pene e le fatiche, e soprattutto per consentire la celebrazione dell'amore. Ecco perché nel *Cantico dei cantici* il vino è espressione dell'amore, della passione erotica: solo le carezze dell'amante, piú dolci del vino, possono essere ricordate piú del vino; il luogo della liturgia dei corpi, nell'amplesso amoroso, è detto «cella vinaria» e la bocca dell'amante è per l'amata vino squisito. Non a caso i due amanti celebrano l'amore con «vino aromatico»... Qui il piú bello tra i cantici ha i suoni di tutte le letterature del Mediterraneo (fenicia, egiziana, greca, romana): vino e amore sono indissolubili! Del resto anche l'islam, che pure vieta ai credenti l'uso del vino, attraverso i suoi mistici canta il vino forse meglio di altre creature. Poeti come Hāfez, Khayyām e Rumi, intersecano vino e amore, e non li cantano mai l'uno senza l'altro, perché l'amore chiede al vino la sua glorificazione e il vino chiede all'amore la sua epifania.

I profeti di Israele hanno sognato i tempi messianici come distesa di giorni con banchetti festosi, in cui non mancano «vini eccellenti e vini raffinati»; hanno sognato «monti che stillano vino nuovo», aie piene di grani e tini traboccanti di vino e di olio. Pane in abbondanza, cioè fine della fame; vino in abbondanza, cioè fine del lutto e del dolore! Nella visione dei profeti si avvererà l'antica benedizione data da Giacobbe al figlio Jehudà, la tribú da cui viene il Messia: questi legherà alla vite il suo asinello, a una vite scelta il figlio della sua asina, laverà nel vino la sua veste e nel sangue dell'uva il suo mantello, avendo gli occhi lucidi per il vino gustato e i denti bianchi per il latte bevuto.

Il vino è un segno biblico imponente: segno salvifico, segno di gioia e consolazione, segno di «amore» folle, «forte come la morte», segno di ebbrezza per la presenza di Dio, segno di alleanza. Con un bicchiere di vino innalzato dalla sua mano il credente può dire che «il suo calice trabocca, è inebriante», che «il sangue del grappolo» celebra la sua alleanza con il Signore, che il vino della sapienza divina è gratuito, non deve essere acquistato ma solo accolto con stupore e gratitudine. Togliete dal messaggio biblico il vino, e non vi saranno piú celebrazione, festa, canto... Certo, i sapienti ricordano che occorre bere con misura, condannano l'eccesso, perché l'ubriachezza dà la vertigine e porta alla dissolutezza. Ma questa esortazione è necessaria solo per chi è stolto, dunque non è neppure capace di bere «bene» e vino «buono», che «fa bene» a chi lo beve.

Quando viene la pienezza dei tempi e il Messia Gesú visita il suo popolo, egli inaugura i tempi in cui il vino nuovo deve stare in otri nuovi e gli otri di acqua per la purificazione devono riempirsi di vino nuovo, straordinariamente buono: è il segno delle nozze di Cana, già commentato. Qui vorrei solo aggiungere un particolare che mi pare importante: Gesú non è venuto solo a dare il pane a quelli che lo seguono e che egli vede affamati, ma anche a dare il vino della gioia messianica. Pane e vino sono gli elementi del banchetto presente, di questo mondo, cosí come lo saranno, trasfigurati, nel banchetto del mondo futuro. Nei cieli nuovi e nella terra nuova ci saranno pane nuovo e vino nuovo, che noi possiamo solo nominare, fondandoci sulla nostra esperienza del pane della necessità e del vino della gratuità, che conosciamo in quanto pellegrini e ospiti sulla terra. Saranno vita, gioia, pace, comunione; quella vita piena di cui oggi è anticipazione «la sobria ebbrezza dello Spirito» (Ambrogio di Milano, *Inni* II,23-24), la sobria ebbrezza degli amanti del Signore. Altro non possiamo dire...

Gesú è stato un uomo umanissimo: ha mangiato e bevuto in mezzo a noi, non è stato un asceta che si vietava il pane e il vino. Ha mangiato e bevuto in compagnia di tutti quelli che lo invitavano e che egli andava a incontrare, e per questo è stato chiamato con disprezzo «mangione e beone» dagli uomini religiosi, dai legalisti e dai letteralisti. In questo modo ha mostrato di non essere un'apparizione divina tra noi ma di essere pienamente «carne», e ci ha confermato che Dio ama questa terra, ama ciò che ha creato, ama ciò che la cultura dell'uomo ha con-creato con lui, tutte le creazioni di cui pane e vino sono segno e narrazione. Il vino non è, come il pane, una necessità, non sta nello spazio del bisogno ma nello spazio della gratuità. Il pane serve a vivere, il vino a celebrare la vita. Il vino è l'eccedenza sul bisogno, è la gioia e il canto che entrano in un pasto e lo trasformano in banchetto, rendendo i «com-pagni» anche «con-vigni» (!): «Il pane dà forza, il vino rallegra il cuore umano» (*Sal* 104,15).

Al termine di questa contemplazione del pane e del vino fatta ascoltando il messaggio delle sante Scritture, si dovrebbe aprire una riflessione piú sistematica sull'eucaristia, di cui in queste pagine abbiamo piú volte parlato per allusioni piú o meno fugaci. Nell'eucaristia pane e vino sono i segni del corpo e del sangue del Signore, i segni di una vita offerta e consumata nel servizio degli altri, i segni di una comunione profonda tra il Signore crocifisso e risorto e i credenti in lui.

Quando Abramo, il padre dei credenti, il primo uomo a cui il Dio vero e vivente si è rivelato, incontrò le genti pagane ma credenti nel Dio *El 'Eljon*, il Dio Altissimo, Melchisedek re di Salem gli offrí pane e vino e lo benedisse. E Gesú, volendo lasciare ai suoi discepoli venuti da tutte le genti il segno del suo amore, diede loro pane e vino da mangiare e da bere in sua memoria, fino al suo ritorno. L'eucaristia celebrata dai cristiani è questa memoria, banchetto di alleanza, segno di comunione; e il pane e il vino sui quali la Chiesa rende grazie, annunciando la morte del Signore e proclamando la sua resurrezione finché egli venga, sono il cibo della necessità e la bevanda della gratuità che, mangiato e bevuta dai credenti, li rendono un solo corpo vivo, in Cristo vivente per sempre.

Il modo in cui Gesú di Nazareth ha vissuto la sua esistenza quotidiana e, in particolare, l'approccio che ha avuto con la tavola, continua a interrogarci sul nostro atteggiamento verso il cibo, sull'uso che ne facciamo, sul rapporto con gli altri, sull'incidenza nella nostra vita, nei giorni di gioia come in quelli di sofferenza. I pasti di Gesú erano percepiti, almeno da parte degli uomini religiosi del suo tempo, come affronti alla loro sensibilità e alle norme rituali che si erano sviluppate a partire da consolidate interpretazioni della Legge mosaica. Ma ancora oggi in molte menti delle persone religiose permane una diffidenza verso il mangiare, il bere, il godere, la gioia dello stare insieme: forse perché, come per alcuni interlocutori di Gesú, il loro sguardo non è puro e trasparente. Avendo una concezione malata del peccato che li porta a vedere ovunque proibizioni, finiscono non solo per focalizzarsi ossessivamente sul peccato degli altri, ma anche per condannare comportamenti naturali che loro non sono capaci di compiere per paura o per impotenza; è questa loro impotenza nel vizio che li rende proclivi alla virtú e quindi la loro religione è quella stigmatizzata già nella *Lettera ai Colossesi* (2,21): «Non prendere, non gustare, non toccare». È una visione cinica e angosciata di tutto ciò che è pienezza di vita, shalom, vita piena.

Sulla tavola del Signore, invece, c'è la convivialità, raccolta e manifestata nel pane e nel vino: questo è per noi un magistero silenzioso, per insegnarci a vivere e dunque a mangiare e a bere in questo mondo, in una logica eucaristica che rende grazie e in una logica comunionale che condivide cibo e bevanda con tutti... primizia del cosmo trasfigurato, profezia del regno che viene!

Note

3 Introduzione

5 *per non morire ... mangiare*: cfr. *Gen* 2,17.

I. Cibo e sapienza del vivere

12 *«il deserto avanza»*: F. Nietzsche, *Cosí parlò Zarathustra*.

16 *la terra è madre ... coltivarla*: un dato straordinario nel mio dialetto è che *cutüra* indica il lavoro iniziale sulla terra, prima di seminare e di piantare.

16 *perché dalla terra siamo stati tratti*: cfr. *Gen* 3,17-19.

18 *Ma in questo sarà rimproverato da Paolo*: cfr. *Gal* 2,11-15.

21 *«De mensura cibus» e «De mensura potus»*: *Regula Benedicti* 49 e 50.

23 *banchetti ... regno dei cieli*: cfr., in particolare, *Mt* 22,1-14; *Lc* 14,15-24.

25 *La terra è di Dio ... pellegrini*: cfr. *Lv* 25,23.

26 *per la felicità ... convivialità*: in proposito, si vedano i contributi di S. Latouche, di P. Viveret, di F. Flahault.

35 *«Detesto l'uomo ... importanti»*: cfr. *The Works of Charles Lamb*, vol. II, Harper & Brothers, New York 1838, p. 111.

44 *vita del regno di Dio ... né il lutto né il pianto*: cfr. *Is* 25,8; 35,10; *Ap* 21,1.

II. Gesú a tavola

50 *pasto in cui si mangiava l'agnello ... riscatto del popolo di Dio*: cfr. *Es* 12,1-51.

51 *È la catastrofe del diluvio*: cfr. *Gen* 6,5-8,14.

51 *uccisione di Abele da parte di Caino*: cfr. *Gen* 4,8-16.

52 *«ciò che la terra contiene, racchiude»*: *Sal* 24,1; cfr. 50,12; 89,12.

52 *consustanzialità con la terra ... tratto*: cfr. *Gen* 3,19.23.

52 *tutte le creature ... belle e buone*: cfr. *Gen* 1,31.

52 *tutte ... voce*: *Nihil sine voce est*, *1Cor* 14,10.

52 *«separazione» ... adeguatezza*: È questo il significato del termine *kashrut*, da cui l'aggettivo *kasher*.

53 *principio di separazione ... «pulizia etnica»*: cfr. *Ne* 13,3.

55 *Cornelio ... sua tavola*: cfr. *At* 10.

55 *nulla ... cuore*: cfr. *Mc* 7,18-23.

56 *una quindicina di pasti di Gesú*: cfr. *Mc* 2,15 e par.; 6,30-44 e par.; 8,1-10; 14,3-9; 17-26 e par.; *Mt* 15,32-39; *Lc* 7,36-50; 10,38-42; 14,1-13; 19,1-10; *Gv* 2,1-11; 6,1-13; 12,1-8; 13,1-30.

57 *un uomo malato di idropisia*: *Lc* 14,1-14.

57 *parabola del povero Lazzaro e del ricco*: *Lc* 16,19-31.

58 *accontentarsi del «pane di ogni giorno»*: *Mt* 6,11; *Lc* 11,3.

58 *riscuotere le imposte ... Tiberiade*: cfr. *Lc* 5,27-32 e par.

59 *«Non sono i sani ... conversione»*: *Lc* 5,31-32; l'aggiunta di quest'ultima specificazione è solo lucana.

60 *banchetto ... Zaccheo*: cfr. *Lc* 19,1-10.

60 *un fariseo di nome Simone*: cfr. *Lc* 7,36-50.

61 *Sempre Luca ... fariseo anonimo*: *Lc* 11,38-54.

62 *Guai a voi, dottori della Legge!*: cfr. anche *Mt* 23,13-32.

62 *Marta e Maria*: cfr. *Lc* 10,38-42.

62 *amicizia di Gesú con Marta, Maria e Lazzaro*: cfr. *Gv* 11,1-44 e 12,1-11.

63 *«Amen ... quello che ha fatto»*: *Mc* 14,9; cfr. *Mt* 26,13.

63 *«in memoria di lui»*: lett. «di me»; *eis tèn emèn anámnesin*, *Lc* 22,19; *1Cor* 11,24.

63 *«in memoria di lei»*: *Eis mnemósynon autês.*

63 *banchetto ... Galilea*: cfr. *Gv* 2,1-11.

63 *nozze messianiche ... Gesú il Veniente*: cfr., rispettivamente, *Gv* 1,35-51 e *Gv* 1,19-28.

65 *Non era ... recabita*: cfr. *Nm* 6,1-21 e *Ger* 35,1-19.

65 *non beveva vino né bevande inebrianti*: cfr. *Mt* 11,11; *Lc* 7,28 e *Lc* 1,15.

65 *in sottofondo vi sono la musica e i canti*: cfr. *Sir* 32,1-3.

65 *«Perché sprechi un segno ... vino?»*: cfr. *Gv* 12,4-6.

65 *Gesú ... amici*: cfr. *Gv* 15,13-15.

66 *un giorno, nel regno, ... noi tutti*: cfr. *Mc* 14,25 e par.

66 *poi ... se ne andrà*: cfr. *Mc* 2,19 e par.

66 *«Jom kippur», ... secondo la Legge*: cfr. *Lv* 16,29.

67 *giorni di digiuno ... circostanze*: cfr. *Zc* 7,3-5; 8,18-19.

67 *il digiuno ... due giorni la settimana*: cfr. *Lc* 18,12; si veda anche *Mc* 2,18 e par., dove i farisei sono associati ai discepoli del Battista proprio in riferimento al digiuno.

67 *mangiava radici selvatiche e miele*: cfr. *Mc* 1,6; *Mt* 3,4.

67 *azioni di giustizia e di fraternità*: cfr. *Mt* 3,7-10; *Lc* 3,7-14.

68 *«È venuto il Figlio dell'uomo ... peccatori»*: *Mt* 11,18-19; *Lc* 7,33-34.

68 *servizio della Parola*: cfr. *Mt* 4,2; *Lc* 4,2.

68 *Egli pratica il digiuno ... nel deserto*: quarant'anni, cfr. *Es* 16,35; *Dt* 1,3; 2,7; 8,2-4.

68 *ritiro nel deserto ... Elia*: cfr. *Es* 24,18; 34,28 e *1Re* 19,8.

68 *Ai suoi discepoli ... pregare*: cfr. *Mc* 14,38; *Mt* 26,41; *Lc* 21,36.

69 *essi avrebbero digiunato*: cfr. *Mc* 2,20 e par.

69 *A chi pratica il digiuno ... ammirare*: cfr. *Mt* 6,16-18.

70 *«tavola del Signore» e «cena del Signore»*: *tràpeza Kyríou*, *1Cor* 10,21; cfr. *Lc* 22,30; *kyriakòn deîpnon*: *1Cor* 11,20.

71 *Le narrazioni sono dunque sei*: cfr. *Mc* 6,30-44; 8,1-10; *Mt* 14,13-21; 15,32-39; *Lc* 9,10-17; *Gv* 6,1-13.

71 *gesti compiuti da Gesú sul pane nell'ultima cena*: cfr. *Mc* 14,22 e par.; *1Cor* 11,23-24.

73 *sala al piano superiore ... divani*: cfr. *Mc* 14,13-16 e par.

73 *agnello pasquale con pani azzimi ed erbe amare*: cfr. *Es* 12,1-20.

73 *«vino nuovo» nel regno di Dio*: cfr. *Mc* 14,25 e par.

73 *quel banchetto ... se mancherà il vino*: cfr. Talmud babilonese, *Berakhot* 34b.

74 *«comandamento nuovo» ... dell'amore reciproco*: «Amatevi gli uni gli altri come io vi ho amati», *Gv* 13,34; 15,12.

74 *due gesti di Gesú ... sinottici*: *Mc* 14,22-24 e par.

76 *quelli che faticano ... rinvigorire?*: cfr. *Mt* 11,28-30.

77 *un muro ... cadere*: cfr. *Ef* 2,14.

78 *lava i piedi ai commensali, ai discepoli*: cfr. *Gv* 13,1-20.

79 *due racconti da Luca e uno dal quarto Vangelo*: cfr. *Mc* 16,14; cfr. *Lc* 24,29-31.36-43; *Gv* 21,9-14.

79 *«discepoli di Emmaus»*: cfr. *Lc* 24,13-35.

81 *credono e quindi parlano*: cfr. *Sal* 115 [116],10 LXX.

81 *Gesú risorto ... prepara una tavola ai suoi*: cfr. *Gv* 21,1-14.

83 *Chiesa nascente... Pentecoste*: cfr. *At* 2,1-11.

84 *la comunità ... un corpo solo*: cfr. *1Cor* 10,16-17.

84 *il rito era salvaguardato... comunità*: cfr. *1Cor* 11,17-22.

85 *i discepoli ... reciprocamente*: cfr. *Gv* 13,14-15.

86 *«Ogni volta ... finché egli venga»*: *donec veniat*, *1Cor* 11,26.

86 *«Vieni, Signore Gesú!»*: *Didaché* 10,6; *1Cor* 16,22; *Ap* 22,20.

86 *«pane del cielo»*: *Es* 16,4; *Sal* 78,24; *Gv* 6,31.32; cfr. anche 6,41.50-51.

86 *«vino nuovo»*: cfr. *Mc* 14,25; *Mt* 26,29.

89 *una tavola coperta di oro, preziosa e splendente*: *Shulchan*, cfr. *Es* 25,29; 37,10-16.

89 *«i pani del volto»*: *lechem panim*, *Es* 25,30; cfr. *Es* 40,22-23; *Lv* 24,5-9.

89 *«pane dalla terra»*: *lechem min ha-aretz*, *Sal* 104,14; cfr. *Gb* 28,5.

90 *la fatica e il sudore del volto*: cfr. *Gen* 3,17-19.

91 *«pane di ogni giorno»*: il pane «quotidiano» del *Padre nostro*, cfr. *Mt* 6,11; *Lc* 11,3.

91 *vivendo nella mitezza ... può ereditare la terra*: cfr. *Sal* 37,11; *Mt* 5,5.

92 *assicura il pane quotidiano ai giusti*: *Sal* 136,25; *Sal* 146,7; cfr. *Sal* 105,40; cfr. *Sal* 132,15; cfr. *Sal* 37,16.

92 *preparandosi cosí una caduta mortifera*: cfr. *Sal* 37 *passim*; 49,17-20.

92 *avrà parte al mondo di Dio ... affamati*: cfr. *Gdc* 17,1-13; Talmud babilonese, *Sanhedrin* 103b.

92 *«Chi è bisognoso, venga e mangi»*: Talmud babilonese, *Ta'anit* 20b.

93 *nel giorno del giudizio ... regno della vita*: cfr. *Mt* 25,31-46.

93 *«non di solo pane vive l'uomo»*: *Dt* 8,3; *Mt* 4,4; *Lc* 4,4.

94 *un grappolo d'uva ... stanga*: cfr. *Nm* 13,23.

94 *Dunque ... «vite vera»*: rispettivamente *Os* 10,1; cfr. *Is* 5,1-7; cfr. *Sal* 80,9-14; *Gv* 15,1.

95 *«buono e bello»*: *tob*, *Gen* 1,4.10.12.18.21.25.31; *Qo* 3,11, ecc.

95 *diluvio che aveva devastato la terra*: cfr. *Gen* 9,18-20.

96 *diffondeva ... profumo*: cfr. *Es* 29,40-42; *Nm* 15,5-10.

96 *il vino ... erotica*: cfr. *Ct* 1,2.4; *Ct* 2,4; cfr. *Ct* 7,10; *Ct* 8,2.

97 *aie ... olio*: *Is* 25,6; *Am* 9,13; *Gl* 4,18; cfr. *Gl* 2,24.

97 *occhi lucidi ... latte bevuto*: cfr. *Gen* 49,10-12.

97 *il vino della sapienza ... gratitudine*: *Ct* 8,6; cfr. *Sal* 23,5; cfr. *Is* 55,1; *Pr* 9,2.5.

97 *l'ubriachezza ... porta alla dissolutezza*: cfr. *Pr* 20,1; 23,30-35; *Ef* 5,18.

97 *il vino nuovo ... otri nuovi*: cfr. *Mc* 2,22 e par.

98 *il vino della gioia messianica*: «Non hanno pane», cfr. *Mc* 8,2; *Mt* 15,32; «Non hanno vino», *Gv* 2,3.

98 *Nei cieli nuovi e nella terra nuova*: cfr. *Is* 65,17; 66,22; *2Pt* 3,13; *Ap* 21,1.

99 *Melchisedek re di Salem ... benedisse*: cfr. *Gen* 14,18-20.

Per andare oltre...

R. Di Segni, *Guida alle regole alimentari ebraiche*, Carucci, Roma 1986, 3ª ed.

X. de Chalendar, *À table avec Dieu... Les repas dans la Bible*, Cana, Paris 2002.

M. Montanari, *Il cibo come cultura*, Laterza, Roma-Bari 2008, 2ª ed.

J.-C. Sagne, *La Symbolique du repas dans les communautés. De la cène au repas monastique*, Cerf, Paris 2009.

G. Anderlini, *I calici della memoria. Il vino nella tradizione ebraica*, Wingsbert House, Correggio 2014.

P. Baud, *Et Dieu dit: «Passons à table!» Nourriture et repas dans la Bible*, Médiaspaul, Montréal 2014.

G. C. Pagazzi, *La cucina del Risorto. Gesú cuoco per l'umanità affamata*, EMI, Bologna 2014.

M. Montanari, *Mangiare da cristiani*, Rizzoli, Milano 2015.

Papa Francesco, *Laudato si'. Lettera enciclica sulla cura della casa comune*, San Paolo, Cinisello Balsamo 2015.

Indice

Stampato per conto della Casa editrice Einaudi
presso ELCOGRAF S.p.A. - Stabilimento di Cles (Tn)
nel mese di novembre 2013

C.L. 22966

Ristampa							Anno			
0	1	2	3	4	5	6	2015	2016	2017	2018

Frontiere Einaudi

Orhan Pamuk, *Altri colori*
Atul Gawande, *Con cura*
Kate Summerscale, *Omicidio a Road Hill House*
Enzo Bianchi, *Il pane di ieri*
Martin Amis, *Il secondo aereo*
Cynthia Saltzman, *Ritratto del dottor Gachet*
Jonathan Littell, *Il secco e l'umido*
Philip Gourevitch e Errol Morris, *La ballata di Abu Ghraib*
Murakami Haruki, *L'arte di correre*
Benedetta Tobagi, *Come mi batte forte il tuo cuore*
E. Lucas Bridges, *Ultimo confine del mondo*
Richard Mabey, *Natura come cura*
José Saramago, *Quaderni di Lanzarote*
Aatish Taseer, *Straniero alla mia storia*
Giorgio Ficara, *Riviera*
Linda Colley, *L'odissea di Elizabeth Marsh*
Umberto Veronesi, *Dell'amore e del dolore delle donne*
Jonathan Littell, *Cecenia, anno* III
Enzo Bianchi, *Ogni cosa alla sua stagione*
Tahar Ben Jelloun, *Marocco, romanzo*
Thomas Geve, *Qui non ci sono bambini*
Adriana Zarri, *Un eremo non è un guscio di lumaca*
Jane Robins, *Il magnifico Spilsbury*
Laurent Binet, *HHhH*
Least Heat-Moon, *Le strade per Quoz*
Robert Macfarlane, *Luoghi selvaggi*
Atul Gawande, *Checklist*
aa.vv., *Menti criminali*
Chiara Frugoni, *Storia di Chiara e Francesco*
Dileep Padgaonkar, *Stregato dal suo fascino*
Orhan Pamuk, *Romanzieri ingenui e sentimentali*
Agata Tuszyńska, *Wiera Gran*

Elif Batuman, *I posseduti*
John Vaillant, *La tigre*
Julio Cortázar e Carol Dunlop, *Gli autonauti della cosmostrada*
Kate Colquhoun, *Il cappello di Mr Briggs*
Jonathan Franzen, *Piú lontano ancora*
Orhan Pamuk, *L'innocenza degli oggetti*
Kate Summerscale, *La rovina di Mrs Robinson*
Daniel Del Giudice, *In questa luce*
Paul French, *Mezzanotte a Pechino*
Nadia Fusini, *Hannah e le altre*
Angelo Ferracuti, *Il costo della vita*
Philip Hoare, *Leviatano*
Nuto Revelli, *Il popolo che manca*
Robert Macfarlane, *Le antiche vie*
Murakami Haruki, *Ritratti in jazz*
Benedetta Tobagi, *Una stella incoronata di buio*
Jonathan Littell, *Trittico. Tre studi da Francis Bacon*
Paul Auster - J. M. Coetzee, *Lettere (2008-2011)*
Adriana Zarri, *Con quella luna negli occhi*
Jonathan Franzen, *Il progetto Kraus*
Julie Kavanagh, *La ragazza delle camelie*
Anya von Bremzen, *L'arte della cucina sovietica*
Melania G. Mazzucco, *Il museo del mondo*
Umberto Veronesi, *Il mestiere di uomo*
Claudia Roth Pierpont, *Roth scatenato*
Stefano Bartezzaghi, *M*
Alex Shoumatoff, *Leggende del deserto americano*
Corrado Augias, *Le ultime diciotto ore di Gesú*
Enzo Bianchi, *Spezzare il pane*